영어작문
누구나 배울 수 있는
프로젝트
— 단어장 —

누구나 배울수 있는

영어 작문 프로젝트
단어장

누구나 배울 수 있는
# 영어 작문 프로젝트 단어장

펴 낸 날    초판 1쇄 2023년 8월 25일

지 은 이    조병대
펴 낸 곳    투데이북스
펴 낸 이    이시우
교정·교열    Thomas Frazer, 곽나연, 장예린, 박명희
편집 디자인   박정호
출판등록    2011년 3월 17일 제307-2013-64 호
주     소    서울특별시 성북구 아리랑로 19길 86, 상가동 104호
대표전화    070-7136-5700  팩스 02) 6937-1860
홈페이지    http://www.todaybooks.co.kr
도서목록    http://www.todaybooks.wixsite.com/todaybooks
페이스북    http://www.facebook.com/todaybooks
전자우편    ec114@hanmail.net

ISBN : 979-11-978920-5-9  53740

# 영어 작문

## 누구나 배울 수 있는

# 프로젝트

## 단어장

조병대 지음

투데이북스
TodayBooks

# 머리말

『영어 작문 프로젝트 1』과 『영어 작문 프로젝트 2』의 예문에 사용된 단어들을 ㄱ, ㄴ, ㄷ 순으로 정리하여 단어장을 만들어 보았습니다. 영어 작문 프로젝트를 공부하면서 문장을 완성하는 연습과 자신만의 문장을 만드는 데 도움이 되면 좋겠습니다.

각 단어에 예문도 만들에 보았습니다. 『영어 작문 프로젝트 1』과 『영어 작문 프로젝트 2』를 끝낸 후에 단어 공부와 함께 문장을 만들어 보는 연습도 해 보면 좋겠습니다.
다만 영어 작문 프로젝트에서는 작문 공부를 위해 우리말이 어색한 경우에도 어순을 지킨 문장만 익혀왔지만, 이 단어장에서는 그런 친절함 없이 우리말의 쓰임 그대로 번역해 두었기 때문에 주어가 없는 경우도 많고 직역이 아니라 의역된 문장도 많습니다.
하지만, 할 수 있을 것이라 믿습니다.

2023년 7월
저자 조병대

# 목차

| | | |
|---|---|---|
| 1 | (n) 가격, 값, 비용 / 대가 | **cost, price** |

• **cost - cost - cost** (v) 돈(비용)이 들다, 들게 하다

| | | |
|---|---|---|
| 2 | (a) 가공된 | **processed** |

• **process - processed** (v) 가공하다, 처리하다
• **process** (n) 과정, 공정

| | | |
|---|---|---|
| 3 | (a) 가까운 (av) 가까이, 근처에 | **near** |

• **near ~** (p) ~가까이, ~근처에

| | | |
|---|---|---|
| 4 | (av) 가끔, 때때로 | **sometimes** |

• **sometime** (av) 언젠가, 한때

| | | |
|---|---|---|
| 5 | (a) 가난한, 불쌍한 | **poor (be poor)** |

| | | |
|---|---|---|
| 6 | (v) (~로) 가는 중이다 | **be on the/one's way to ~** |

• **be on the way to school** : 학교 가는 길이다
• **be on the way to see you** : 너 보러 가는 길이다

| | | |
|---|---|---|
| 7 | (a) 가능한 | **possible (be possible)** |

• **possibly** (av) 아마, 어쩌면

| | | |
|---|---|---|
| 8 | (n) 가능성, 가능 | **possibility** |

• **possibility of ~** : ~할 가능성
• **possibility that ~** : ~가 ~할 가능성

| | | |
|---|---|---|
| 9 | (v) 가라앉다 | **sink - sank - sunk** |

• **sink** (n) 싱크대

| | | |
|---|---|---|
| 10 | (a) 가려운, 근질거리는 | **itchy (be itchy)** |

• **itch - itched** (v) 가렵다, 근질거리다

| | | |
|---|---|---|
| 11 | (v) 가로막다, 방해(중단)하다 | **interrupt - interrupted** |

• **interruption** (n) 가로막음, 방해, 중단

| | | |
|---|---|---|
| 12 | (v) 가르치다 | **teach - taught - taught** |

• **teach + O + to do** : O가 ~하도록 가르치다

| | | |
|---|---|---|
| 13 | (n) 가뭄 | **drought** |

• **dry** (a) 건조한, 마른 (v) 말리다

| | | |
|---|---|---|
| 14 | (a) 가벼운, 밝은, 연한 | **light (be light)** |

• **light** (n) 빛, 불, 전등
• **light - lit - lit** (v) 불 붙이다, 점화하다, 밝게 하다, 비추다

| | | |
|---|---|---|
| 15 | (av) 가볍게, 살짝 | **lightly** |

**1** The cost of living is too high(low).

- 생활비가 너무 높아(낮아).

**2** My mom hates processed foods.

- 엄마는 가공식품을 싫어해.

**3** In the near future, AI may control our lives.

- 가까운 미래에, 인공지능(AI)이 우리 삶을 지배할지도 모르지.

**4** Sometimes we could see him near the bus stop.

- 가끔 우린 정류장 근처에서 그를 볼 수 있었어요.

**5** Am I poor? I don't think so. I'd rather want to help the poor people.

- 내가 가난하다고? 난 그렇게 생각 안해. 난 오히려 가난한 사람들을 돕고 싶어.

• would rather ~
(차라리) ~하겠다

**6** We were on our(the) way to the library.

- 우리는 도서관에 가는 길이었다.

**7** It is not possible to teach you English.

- 너한테 영어를 가르치는 건 가능하지 않아.

**8** There is no real possibility of a war in Korea.

- 한국에서 현실적인 전쟁 가능성은 없어.

**9** The ship was sinking so fast.

- 배는 아주 빠르게 가라앉고 있었다.

**10** Don't touch them. They will make your skin itchy and painful.

- 그것들 만지지 마세요. 피부를 가렵고 아프게 할 거예요.

**11** Sorry to interrupt you, but I think you'd better read it first.

- 방해해서 죄송한데, 먼저 이걸 읽어보시는 게 좋을 것 같아요.

• had better ~
~하는 게 더 낫다

**12** No one can teach you how to live your life happily.

- 누구도 너한테 어떻게 삶을 행복하게 살 수 있는지 가르쳐줄 수는 없어.

**13** The drought lasted for about two months.

- 가뭄은 약 두 달 동안 계속되었다.

• last - lasted
지속되다, 계속되다

**14** I felt as light as a feather.

- 난 깃털처럼 가볍게 느껴졌지.

• feather
깃털

**15** Let's walk as lightly as possible.

- 최대한 가볍게 걸어보자고.

| 1 | (n) 가을 | **autumn, fall** | • **spring, summer, winter** : 봄, 여름, 겨울<br>• **the (four) seasons** : 사계절, 사철 |
| 2 | (v) 가입(연결, 함께)하다 | **join - joined** | • **joint** (n) 관절, 연결 부위 |
| 3 | (av) 가장(많이) (a) 가장(많은) | **the most** | • **most ~** : 대부분(의)<br>• **many(much) - more - most** : 많은 - 더 ~ - 가장 ~ |
| 4 | (a) 가장(매우) 좋아하는,<br>마음에 드는 | **favorite** | • **favorite** (n) 좋아하는 것, 마음에 드는 사람 |
| 5 | (n) 가전제품 | **home appliances** | • **apply - applied** (v) 적용, 응용 / 지원, 신청하다<br>• **application** (n) 적용, 응용, 지원, 신청<br>• **appliance** (n) 기기, 가전제품 |
| 6 | (n) 가정교육 | **home education** | • **public/private education** : 공/사교육<br>• **compulsory education** : 의무교육 |
| 7 | (v) 가져(데려)오다 | **bring - brought - brought** | • **take - took - taken** (v) 가져(데리고)가다 |
| 8 | (v) 간섭(참견)하다 / 방해하다 | **interfere - interfered** | • **interfere in ~** : ~에 간섭(참견)하다, 끼어들다<br>• **interfere with ~** : ~를 방해하다, 훼방 놓다 |
| 9 | (a) 간단한, 단순(소박)한 | **simple (be simple)** | • **simplicity** (n) 간단, 단순, 소박함<br>• **simplify - ied** (v) 단순화/간소화하다 |
| 10 | (v) 감기 걸리다 | **catch/have/take a cold** | '독감, 유행성 감기'는 the influenza, 줄여서 the flu, '독감<br>걸리다'는 catch(have, take) the flu |
| 11 | (v) 감기약 먹다 | **take cold medicine** | '약을 복용하다'의 의미일 때는 eat 대신 take를 합니다. |
| 12 | (n) 감나무 | **persimmon tree** | • **ripe/soft persimmon** : 홍시<br>• **dried persimmon** : 곶감 |
| 13 | (v) 감동(감명)받다 | **be impressed(touched, moved)** | • **impress, touch, move** (v) 감동 주다 |
| 14 | (v) 감추다, 숨기다, 숨다 | **hide - hid - hidden** | • **play hide-and-seek** : 숨바꼭질하다<br>• **hidden** (a) 감춰진, 숨겨진, 숨은 |
| 15 | (a) 갑작스러운, 별안간의 | **sudden** | • **all of a sudden** : 갑자기<br>• **suddenly** (av) 갑자기, 갑작스럽게 |

1. **Do you know** why the sky **looks** higher and bluer in autumn?
   - 왜 가을에 하늘이 더 높고 더 푸르게 보이는지 알아?

2. We **are going to go** to a movie tomorrow. Why **don't** you **join** us?
   - 우리 내일 영화 보러 갈 거야. 함께 가지 않을래?

3. What **is** the most **important** thing in your life?
   - 넌 인생에서 가장 중요한 게 뭐니?

4. Winter **is** my favorite **season**. How about you?
   - 겨울이 내가 제일 좋아하는 계절이야. 넌 어때?

5. Anyway, we **can't live** without home appliances.
   - 어쨌거나 우린 가전제품 없이 살 수는 없잖아요.

6. Home education **is** as important as school education.
   - 가정교육은 학교 교육만큼이나 중요합니다.

7. **Can** I **bring** my dog to your home? – No no no, you **cannot do** that.
   - 내 개를 너희 집에 데려가도 될까? – 아니 안되지, 그럴 수는 없어.

8. Please, **don't interfere** in my work. / Please, **don't interfere** with my work.
   - 제발, 내 일에 간섭하지 마. / 제발, 내 일을 방해하지 마.

9. This game **is** very simple. I **think** you **can learn** it in a minute.
   - 이 게임은 아주 단순해. 넌 금방 배울 수 있을 거야.

10. **Be** careful not to catch a cold.
    - 감기 걸리지 않게 조심해.

11. My younger brother **seems** to enjoy taking cold medicine.
    - 내 동생은 감기약 먹는 걸 즐기는 것 같아.

12. There **were** old persimmon trees near the house.
    - 그 집 근처에는 늙은 감나무들이 몇 그루 있었지.

13. Most of the people **were impressed** by her story.
    - 대부분의 사람은 그녀의 이야기에 감명받았다.

14. **Don't try** to hide your feelings.
    - 네 감정을 숨기려고 애쓰지 마.

15. People **are worrying** about any sudden changes.
    - 사람들은 갑작스러운 변화를 걱정하고 있어.

| | | |
|---|---|---|
| 1 | (a) 강력한, 영향력 있는 | **powerful (be powerful)** |
| 2 | (a) 같은 (같다) | **the same (be the same)** |
| 3 | (av) 같이, 함께 | **together** |
| 4 | (n) 개념 | **concept** |
| 5 | (n) 개성, 특성 | **individuality, personality** |
| 6 | (n) 개인 (a) 개인의, 각각의 | **individual** |
| 7 | (a) 거대한, 엄청난 | **huge, gigantic, giant, enormous** |
| 8 | (n) 거리, 간격, 거리감, 먼 곳 | **distance** |
| 9 | (n) 거미 | **spider** |
| 10 | (v) 거절, 거부하다, 사양하다 | **reject** - rejected, **refuse** - refused |
| 11 | (v) 거짓말하다 (n) 거짓말 | **lie - lied** (n) **lie** |
| 12 | (a) 거친, 힘든, 난폭한 / 대강의 | **rough (be rough)** |
| 13 | (v) 걱정하다, 걱정하게 하다 | **worry - worried** |
| 14 | (n) (몸과 마음의) 건강, 상태 | **health** |
| 15 | (a) 건강한, 건강에 좋은 | **healthy ( be healthy )** |

1 • **powerless** (a) 무력한, 힘없는

2 same 앞에는 주로 the를 붙여 사용한다.

3 gather는 '모이다'를 뜻하고 **together** 와 닮았다.

4 • **conceive - d** (v) 마음에 품다, 생각해 내다, 생각하다

5 • **person, individual** (n) 개인, 사람
• **personal** (a) 개인의, 사사로운
• **individual** (a) 개인적인, 개개의, 각각의

6 • **individually** (av) 개별적으로, 각각 따로

8 • **at a distance** : 조금 떨어져서
• **from a distance** : 멀리서
• **distant** (a) 먼, 떨어져 있는

9 • **spin a web** : 거미줄을 치다

10 • **reject to do** : ~하길 거절, 거부, 사양하다
• **refuse to do** : ~하길 거절, 거부, 사양하다

11 • **tell a lie** : 거짓말하다
• **liar** (n) 거짓말쟁이

12 • **rough skin**: 거친 피부
• **rough weather**: 사나운 날씨
• **rough outline**: (대강의) 줄거리

13 • **worry** (n) 걱정
• **worry about ~** : ~에 대해서 걱정하다

14 • **mental/physical health**: 정신/신체 건강

15 • **unhealthy** (a) 건강하지 않은, 해로운

10

**1** This car **has** the most powerful **engine in the world.**
- 이 자동차는 세상에서 가장 강력한 엔진을 가지고 있습니다.

**2** If you **do** the same **thing to them, you are** not different from them.
- 네가 게네들한테 똑같은 짓을 한다면, 너도 게네들과 다르지 않아.

**3** Sometimes it **is** better to work individually **than together.**
- 가끔은 함께 보다 개별적으로 작업하는 게 더 좋아.

**4** All of the animals in the forest **came** together to **celebrate their victory.**
- 숲속의 동물들 모두 그들의 승리를 축하하려고 모였다.

**5** You**'d better try** to understand these basic concepts first.
- 먼저 이런 기본적인 개념들을 이해하려고 노력하는 편이 좋아.

**6** It **is** just a matter of individuality.
- 그냥 개성의 문제일 뿐이야.

**7** I just **want** you to respect individual **rights.**
- 전 그저 당신이 개인의 권리를 존중해 주길 바랄 뿐입니다.

• rights
권리

**8** We **saw** huge waves braking against the rocks.
- 우린 거대한 파도가 바위에 부딪쳐 부서지고 있는 걸 봤지.

**9** In the distance, she just **watched** her kids laugh, talk and play.
- 멀리서, 그녀는 아이들이 웃고, 말하고 노는 것을 지켜만 보았습니다.

**10** Why **do** you **waste** time worrying about the distant future?
- 왜 먼 미래를 걱정하면서 시간을 낭비하는 거냐?

**11** As you **know**, it **was** not easy to reject his suggestion.
- 너도 알다시피, 그의 제안을 거절하기란 쉽지가 않았어.

• suggestion
제안

**12** They **refused** to give any information about the project.
- 그들은 그 프로젝트에 관한 어떤 정보도 제공하기를 거부했다.

**13** You **must not tell** a lie to me now. It **is** your last chance.
- 이제 절대 나한테 거짓말하면 안돼. 이게 마지막 기회야.

**14** What **made** my life so rough?
- 뭐가 내 인생을 이렇게 힘들게 만들었을까?

**15** Everyone **wants** to stay healthy while they are living.
- 누구나 사는 동안 건강하길 원합니다.

| 1 | (v) 건드리다, 만지다, 손대다 / 감동시키다 | **touch - touched** | • **touched** (a) 감동한 • **untouched** (a) 손대지 않은<br>• **touch** (n) 접촉, 터치<br>• **keep in touch with ~** : ~와 연락하다 |
| 2 | 건설(공사, 수리) 중이다 | **be under construction** | • **be under consideration** : 고려 중이다<br>• **be under repair** : 복구 중이다<br>• **be under stress** : 스트레스 받고 있다 |
| 3 | (v) 건조시키다, 말리다 | **dry - dried** | • **wet - wet - wet** (v) 적시다 |
| 4 | (a) 건조한, 마른 | **dry** | • **wet** (a) 젖은, 축축한 |
| 5 | (v) 걸다(걸리다), 매달다(매달리다) | **hang - hung - hung** | • **hang - hanged** (v) 목을 매달다, 교수형 시키다 |
| 6 | (a) 겁 많은, 소심한, 비겁한 | **cowardly** | • **coward** (n) 겁쟁이<br>• **brave** (a) 용감한 |
| 7 | (a) 겁나는, 무서운 | **scary** | • **scare - scared** (v) 겁주다, 겁먹다 |
| 8 | (a) 겁먹은, 무서워하는 | **scared, afraid** | • **be scared, afraid of ~** : ~를 무서워하다, 겁내다<br>• **be scared, afraid to do** : ~하기 두렵다, 무섭다 |
| 9 | (av) 게다가 | **moreover** | |
| 10 | (av) 게다가 (pre) ~외에(도) | **besides** | besides, moreover 둘 다 '게다가'의 뜻을 가진 부사로 사용되지만, besides는 전치사로도 사용됩니다. |
| 11 | (a) 게으른, 나태한, 느긋한 | **lazy ( be lazy )** | • **lazy life** : 게으른(나태한) 생활<br>• **diligent** : 부지런한, 근면한 |
| 12 | (av) 격렬하게, 사납게, 매섭게 | **fiercely** | • **fierce** (a) 격렬한, 사나운, 맹렬한 |
| 13 | (n) 결과, 결말, 성과 | **result** | • **as a result** : 결과적으로, 결국<br>• **result - resulted** (v) (결과로) 생기다, 일어나다 |
| 14 | (av) 결국, 마침내 | **finally, eventually** | |
| 15 | (v) 결석, 결근하다, (~에) 없다 | **be absent from ~** | • **absent** (a) 결석(결근)한, 없는 / 멍한<br>• **absence** (a) 부재, 결석, 결근 |

**1** Don't <u>touch</u> that, or you <u>will lose</u> your hand.

- 건드리지 마, 손모가지 날아갈께.

**2** There <u>are</u> several houses under construction in our town.

- 우리 마을에 공사 중인 집이 몇 채 있지.

**3** He always <u>dries</u> his wet body with hair drier after a shower.

- 그는 늘 샤워 후에 헤어드라이어로 축축한 몸을 말리지.

**4** After a while, my mouth <u>was getting</u> dry.

- 이윽고, 입이 마르고 있었다.

**5** Whenever it <u>is</u> sunny on Sundays, she <u>loves</u> to hang bedclothes out.

- 일요일에 날씨가 화창할 때면, 그녀는 이불을 밖에 널기를 좋아합니다.

**6** I <u>was</u> too cowardly to fight him. I <u>was</u> such a coward.

- 난 너무 비겁해서 그 녀석과 싸울 수 없었다. 난 그런 겁쟁이였다.

**7** How <u>can</u> I <u>watch</u> such a scary movie alone?

- 어떻게 혼자서 이렇게 무서운 영화를 보겠어?

**8** It <u>looked</u> exciting, but I <u>was</u> a little bit scared at the same time.

- 그건 재미있어 보였지만 난 동시에 조금 무섭기도 했다.

**9** Chulsu <u>said</u> to me, "Moreover, I <u>am</u> not as cowardly as you."

- 철수가 내게 말했다, "게다가, 난 너만큼 비겁하지 않잖아."

**10** I <u>am</u> not hungry now. Besides, I don't <u>like</u> spicy food.

- 지금 배가 안 고파. 게다가, 매운 음식은 좋아하지도 않아.

**11** "Don't <u>be</u> lazy. There <u>are</u> so many things to do today." she said fiercely.

- "게으름 부리지 마. 오늘 해야 할 일이 아주 많아." 그녀가 매섭게 말했다.

**12** He <u>seemed</u> not to be scared of that fierce dog.

- 그는 그 사나운 개를 무서워하지 않는 것 같았다.

**13** No matter how many times you <u>try</u>, the result <u>will be</u> the same.

- 아무리 여러 번 해 봐도, 결과는 똑같을 거야.

• no matter how ~
아무리 ~해도

**14** You <u>will</u> finally <u>realize</u> how foolish you are.

- 결국 네가 얼마나 어리석은지 깨달을 거다.

**15** <u>Tell</u> me the reason why you <u>were</u> absent from school yesterday.

- 어제 결석한 이유를 말해 봐.

| | | |
|---|---|---|
| 1 | (v) 결정하다 | **decide - decided** |

- **decide to do** : ~하기로 (결정, 결심)하다,
- **decision** (n) 결정(력), 결심, 결론
- **decisive** (a) 결정적인, 단호한

| | | |
|---|---|---|
| 2 | (v) 결정(결심)하다 | **make a decision** |

- **arrive at/reach a decision** : 결정(결론)에 이르다
- **decision to do** : ~하기로 한 결정

| | | |
|---|---|---|
| 3 | (v) (~와) 결혼하다 | **marry - married** |

- **get married (to~)** : (~와) 결혼하다

| | | |
|---|---|---|
| 4 | (n) 결혼, 결혼생활, 혼인 | **marriage** |

- **happy marriage** : 행복한 결혼생활

| | | |
|---|---|---|
| 5 | (v) 경고하다, 주의를 주다 | **warn - warned** |

- **warn + O + not to do**
: O에게 ~하지 말라고 경고하다

| | | |
|---|---|---|
| 6 | (n) 경고, 주의, 주의보 | **warning** |

- **without warning** : 경고도 없이
- **give/recieve/ignore a warning**
: 경고를 주다/받다/무시하다

| | | |
|---|---|---|
| 7 | (n) 경기 | **match, game** |

- **have a match/game with ~** : ~와 경기 하다

| | | |
|---|---|---|
| 8 | (n) 경제 / 절약 | **economy** |

- **global/world economy** : 세계 경제
- **economy class** : 일반석

| | | |
|---|---|---|
| 9 | (a) 경제의, 경제에 관한 | **economic ( be economic )** |

- **economic growth** : 경제 성장

| | | |
|---|---|---|
| 10 | (a) 경제적인, 알뜰한 | **economical ( be economical )** |

- **economical car** : 경제적인 자동차

| | | |
|---|---|---|
| 11 | (v) 경험(체험)하다, 겪다 | **experience - experienced** |

- **experienced** (a) 경험이 풍부한, 경험으로 얻은
- **go through** : 겪다, 경험하다 / 뚫고 나가다, 통과하다

| | | |
|---|---|---|
| 12 | (n) 경험, 체험 | **experience** |

- **have/gain/get experience** : 경험하다
- **learn by/from experience** : 경험으로 배우다

| | | |
|---|---|---|
| 13 | (n) 계곡, 골짜기 | **valley** |

- **U-shaped valley** : U자 계곡
- **woody valley** : 나무가 우거진 계곡

| | | |
|---|---|---|
| 14 | (n) 계단 | **stairs** |

- **go up and down the stairs** : 계단을 오르내리다

| | | |
|---|---|---|
| 15 | (v) 계산하다 | **calculate - calculated** |

- **calculation** (n) 계산
- **calculator** : 계산기

**1** She <u>seemed</u> to decide to marry him.

- 그녀는 그와 결혼하기로 한 것 같았어.

**2** It <u>is</u> never easy to make this kind of difficult decision.

- 이런 어려운 결정을 한다는 게 절대 쉽지는 않아.

**3** He <u>could not decide</u> whether to get married or not.

- 그는 결혼해야 할지 말지 결정하지 못했다.

**4** Of course, I <u>expected</u> that we <u>would have</u> a happy marriage.

- 물론, 행복한 결혼생활을 할 거라 기대했지.

**5** I <u>warned</u> you not to look into your phone when eating with me.

- 나랑 밥 먹을 때는 전화기 들여다보지 말라고 경고했잖아.

**6** <u>Have</u> you already <u>forgotten</u> my warning?

- 너 벌써 내 경고를 잊은 거야?

**7** When <u>can</u> I <u>have</u> a match with the champion?

- 언제 챔피언과 경기 할 수 있나요?

**8** As a result, these countries <u>got</u> to control the global economy.

- 결과적으로, 이 나라들이 세계 경제를 지배하게 되었지.

• get to do
~하게 되다

**9** We have <u>experienced</u> such a rapid economic growth.

- 우리는 이렇듯 급속한 경제성장을 경험한 바 있습니다.

**10** Which way <u>is</u> more economical for us?

- 어느 방법이 우리에게 더 경제적인가?

**11** Sometimes we <u>experience</u> this kind of disappointment.

- 가끔 우리는 이런 실망감을 경험하지요.

• disappointment
실망

**12** You will <u>have</u> great experiences while staying here.

- 여러분들은 여기 머무르는 동안 멋진 경험을 하게 될 거예요.

**13** My family <u>used to go</u> to the valley in summer.

- 우리 가족은 여름이면 그 계곡으로 놀러 가곤 했지.

• used to do
~하곤 했다

**14** While walking down the stairs, I <u>heard</u> someone sobbing somewhere.

- 계단을 내려오는 동안, 어디서 누군가가 흐느끼는 걸 들었어요.

• sob – sobbed
흐느끼다

**15** <u>Is</u> there anyone who can <u>calculate</u> the distance?

- 거리를 계산할 수 있는 사람?

| 1 | (v) 계속하다, 유지하다, 지키다 | keep - kept - kept | • **keep ~ing** : 계속 ~하다<br>• **keep + 형용사** : ~한 상태를 유지하다<br>• **keep + O + 형용사** : O를 ~한 상태로 내버려 두다 |
| 2 | (v) 계속하다, 계속되다 | continue - continued | • **continue to do / ~ing** (v) 계속 ~하다 |
| 3 | (n) 계절, 철 | season | • **tourist season** : 관광 철<br>• **rainy season** : 장마철(우기) |
| 4 | (v) 계획하다, 구상하다 | plan - planned | • **plan to do** : ~할 계획, 작정이다 |
| 5 | (n) 계획, 구상 | plan | • **plan to do** : ~할, 하려는 계획<br>• **make a plan** : 계획을 짜다, 세우다 |
| 6 | (v) 고개를 떨구다, 숙이다 | lower one's head | • **lower - lowered** (v) 낮추다, 내리다<br>• **raise one's head** : 고개를 들다 |
| 7 | (n) 고국 | homeland | '고국'을 표현하는 단어는 **fatherland, motherland, home country, native country,** 등이 있습니다. |
| 8 | (n) 고기, 육류 | meat | • **meat-eating animals** : 육식 동물 |
| 9 | (n) 고등어 | mackerel | • **grilled mackerel** : 고등어 구이 |
| 10 | (v) 고려(검토, 생각) 중이다 | be under consideration | • **consider - considered** (v) 고려하다<br>• **consideration** (n) 고려 |
| 11 | (v) 고르다, 선택하다 | choose - chose - chosen | • **choose to do** : ~하기로 결정(택)하다, ~하고 싶다<br>• **choosy** (a) 가리는, 까다로운(picky) |
| 12 | (av) 고의로, 의도적으로, 일부러 | intentionally | • **intend - intended** (v) 의도하다<br>• **intention** (n) 의도<br>• **intentional** (a) 의도적인 |
| 13 | (n) 고장 나다, 상태가 좋지 않다 | be out of order | • **in order** : 순서대로, 질서있는<br>• **order** (n) 순서, 질서, 정돈, 명령 |
| 14 | (v) 고정하다, 정하다, 고치다 | fix - fixed | • **fixed** (a) 고정된, 확고한, 불변의<br>• **fixation** (n) 고착, 고정, 병적인 집착, 강박관념 |
| 15 | (a) 고정된, 확고한 | fixed ( be fixed ) | • **fixed idea** : 고정관념 |

**1** She <u>kept</u> me waiting outside for a while.

- 그녀는 한참 동안 나를 밖에서 기다리게 내버려 뒀다.

**2** The game <u>continued</u> without a break even in the rain.

- 경기는 빗속에서도 중단 없이 계속되었다.

**3** As you <u>know</u>, autumn <u>is</u> the best season for camping.

- 너도 알다시피, 가을이 캠핑하기에는 가장 좋은 계절이야.

**4** How <u>do</u> you <u>plan</u> to spend the money?

- 그 돈을 어떻게 사용할 계획이신가요?

**5** What <u>is</u> your plan? – My plan <u>is</u> to do nothing.

- 계획이 뭐야? – 아무것도 안 하는 거야.

**6** Finally, the little boy <u>lowered</u> his head and <u>began</u> to cry.

- 이윽고 그 어린 소년은 고개를 떨구더니 울기 시작했다.

**7** There <u>are</u> still many people who <u>cannot come back</u> to their homeland.

- 여전히 그들의 국국으로 돌아올 수 없는 사람들이 많이 있지요.

**8** Eating meat <u>is</u> never good for your health.

- 고기를 먹는 것이 당신 건강에는 절대 좋지 않아요.

**9** The whole house <u>was filled</u> with the smell of the grilled mackerel.

- 집안이 온통 고등어구이 냄새로 가득했다.

**10** As I <u>know</u>, the matter <u>is</u> still under consideration.

- 내가 알기로는, 그 문제는 여전히 검토 중이야.

**11** I <u>chose</u> to buy a folder phone instead of a smartphone.

- 난 스마트폰 대신 폴더 폰을 사기로 했어.

**12** Moreover, I <u>doubted</u> that he <u>had spoiled</u> the plan intentionally.

- 게다가, 난 그가 고의로 그 계획을 망쳐버렸다고 의심했다.

• spoil-ed
망치다

**13** My phone <u>is</u> out of order again. I <u>think</u> I should <u>consider</u> buying a new one.

- 폰이 또 말썽이야. 새 폰을 사는 걸 생각해 봐야 할 것 같아.

**14** If you don't <u>mind</u>, I'd <u>like</u> to fix this problem myself.

- 괜찮다면, 제 스스로 이 문제를 해결해 보고 싶어요.

• 스스로
oneself,
by oneself,
for oneself

**15** My parents <u>seem</u> to have a fixed idea that I must not <u>sleep</u> out.

- 부모님들께서는 제가 절대 외박하면 안 된다는 고정관념을 가지신 것 같아요.

| 1 | (a) 고집 센, 완강한, 고질적인 | **stubborn** ( be stubborn ) | • **stubborn character** : 고집 센 인물<br>• **stubborn problem** : 고질적인 문제 |
| 2 | (n) 고통, 아픔, 통증 | **pain** | • **pain - pained** (v) 고통스럽게(아프게) 하다 |
| 3 | (a) 고통스러운, 아픈, 괴로운 | **painful** ( be painful ) | • **painful memory** : 아픈 기억 |
| 4 | (a) 고통 없는, 아프지 않은 | **painless** ( be painless ) | • **painless death** : 고통 없는 죽음 |
| 5 | (n) 고향 | **hometown, home** | • **sweet home** : 정다운 고향<br>• **second home** : 제2의 고향 |
| 6 | (v) 곤경(곤란, 어려움)에 처하다 | **be in trouble** | • **people in trouble** : 곤경에 처한 사람들 |
| 7 | (n) 곤충 | **insect** | **insect** 는 가장 흔히 곤충을 가리킬 때 사용하고 **bug** 는 좋지 않은 의미에서 작은 벌레나 곤충을 뜻하고 **worm** 은 꿈틀거리며 기어 다니는 벌레를 뜻합니다. |
| 8 | (av) 곧장, 똑바로, 솔직하게, / 연속으로(계속해서) | **straight** | • **straight** (a) 곧은, 똑바른, 솔직한 / 연속의 |
| 9 | (n) 골을 넣다 | **score goal** | • **score - scored** (v) 득점하다 (n) 득점, 점수 |
| 10 | (v) (상처가) 곪다, (나쁜 감정이) 곪아 터지다, (상태가) 심해지다 | **fester - festered** | |
| 11 | (v) 공격하다, 폭행하다 | **attack - attacked** | • **attack** (n) 공격, 폭행, 침범<br>• **be under attack** : 공격받고 있다 |
| 12 | (v) 공급, 제공하다 | **provide - provided** | • **provide A with B** : A에게 B를 제공하다 |
| 13 | (n) 공룡 | **dinosaur** | • **dinosaur fossil** : 공룡 화석 |
| 14 | (v) 공부(학습)하다, 연구하다 | **study - studied** | • **study** (n) 학습, 공부, 연구 |
| 15 | (a) 공손한, 예의 바른 | **polite** ( be polite ) | • **politely** (av) 공손하게, 예의 바르게 |

**1** No one in this world <u>would be</u> more stubborn <u>than you</u>.

- 이 세상 누구도 너만큼 고집이 세진 않을 거야.

**2** Many people <u>were crying</u> out in pain, and it <u>pained</u> us to hear them.

- 많은 사람이 고통 속에서 울부짖고 있었고, 그걸 듣는 것이 우리를 고통스럽게 했다.

**3** She <u>tried</u> to focus on her job to forget the painful memories.

- 그녀는 그 아픈 기억들을 잊으려고 그녀의 일에 집중하려고 애썼다.

**4** The treatment <u>takes</u> only about 10 minutes, and it <u>will be</u> completely painless.

- 치료는 겨우 10분 정도가 걸리고, 전혀 아프지 않을 거야.

• treatment
치료

**5** People <u>looked</u> excited at the thought of going back to their hometowns.

- 사람들은 고향으로 돌아 간다는 생각에 들뜬 것 같았다.

**6** He <u>was</u> such a good friend who always <u>helped</u> me whenever I <u>was</u> in trouble.

- 그는 내가 곤경에 처할 때 마다 늘 날 도와줬던 그런 좋은 친구였지.

**7** If your child <u>gets</u> interested in insects, <u>encourage</u> him to make a note of them.

- 당신 아이가 곤충에 관심을 갖게 되면, 아이가 곤충의 노트를 만들어 보도록 권해 보세요.

• encourage-d
~하도록 용기를 주다
권하다, 부추기다

**8** My father <u>was</u> so drunk that he <u>couldn't walk</u> straight.

- 아버지는 너무 취해서 똑바로 걷지도 못하셨어.

**9** Surprisingly, he <u>has scored</u> 5 goals in three straight games.

- 놀랍게도, 그는 연속 세 경기에서 다섯 골을 득점했다.

**10** <u>Don't let</u> the bad feelings such as anger and sadness fester inside you.

- 화나 슬픔 같은 나쁜 감정들이 당신 안에서 곪아 터지게 하지 마세요.

**11** A woman <u>was attacked</u> by a dog while she was jogging in the park.

- 한 여성이 공원에서 조깅하다가 개에게 공격을 당했습니다.

**12** It <u>is</u> illegal to force users to provide their personal information.

- 사용자들에게 개인 정보를 제공하도록 강요하는 것은 불법입니다.

• illegal
불법의

**13** We <u>are doing</u> our best to provide our consumers with better service.

- 저희는 고객 여러분께 더 나은 서비스를 제공하기 위해 최선을 다하고 있습니다.

**14** Those fossils <u>provide</u> us with information we <u>need</u> to study dinosaurs.

- 이런 화석들은 우리가 공룡을 연구하기 위해 필요한 정보를 제공해 주지요.

**15** It <u>will not be considered</u> polite if you <u>ask</u> someone how much he or she <u>earns</u>.

- 누군가에게 돈을 얼마나 버는지 묻는다면 예의 바르다고 여겨지지는 않을 거예요.

• consider-ed
여기다, 생각하다

| 1 | (n) 공연, 연주회 / 실행, 수행 | performance | • perform - performed (v) 실행, 수행, 공연하다 |
| 2 | (v) 공유하다, 함께 나누다 | share - shared | • share (n) 몫, 주식 |
| 3 | (av) 공중에, 하늘에 | in the air | • castle in the air : 공중누각(허황된 꿈) |
| 4 | (av) 공짜로, 무료로, 무상으로 | for free | |
| 5 | (n) 곶감 | dried perssimmon | • perssimmon : 감 |
| 6 | (n) 과거, 지난날 | the past | • in the past : 과거에, 이전에, 옛날에<br>• the present : 현재<br>• the future : 미래 |
| 7 | (v) 과식하다 | overeat - overate - overeaten | • overeating (n) 과식 |
| 8 | (n) 과정, 절차 | process | • process - processed (v) 가공, 처리하다 |
| 9 | (n) 과학 | science | • scientist (n) 과학자 |
| 10 | (a) 과학적인, 과학의 | scientific | • scientific explanation : 과학적 설명 |
| 11 | (v) (~와/~에)관련(관계)짓다, 관련있다 | relate - related with~ / to ~ | • related (a) 관련된, 관계있는<br>• relative (a) 상대적인 (n) 친척 |
| 12 | (n) 관련, 관계 | relation | relationship 역시 '관계'의 의미로 사용되지만, relation 보다는 좁은 범위의 사람 사이의 관계를 의미합니다. |
| 13 | (n) 관광지 | tourist attraction | attraction 은 사람을 끌어당기는 '매력' 또는 '명물, 명소' 의 의미로 사용됩니다. |
| 14 | (v) 관심(흥미)를 갖다(갖게 되다) | get(become) interested | • be interested in ~ : ~에 관심 있다 |
| 15 | (n) 관심(사), 흥미 / 이익, 이자 | interest | • interest - ed (v) 흥미(관심)을 갖게 하다, 관심을 끌다<br>• interesting (a) 흥미로운, 재미있는 |

1. Busking <u>means</u> a style of street performance of live music and singing.
   - 버스킹은 라이브 음악과 노래의 길거리 공연 양식을 뜻합니다.

2. We <u>rented</u> a cozy studio in the downtown and <u>shared</u> it with other musicians.
   - 우린 시내에 아늑한 스튜디오를 하나 대여해서 다른 뮤지션들과 그 스튜디오를 공유했다.

   • rent – rented
   대여하다, 빌리다
   • cozy
   아늑한, 편안한

3. The magician <u>kept</u> her body floating in the air for a while.
   - 마술사는 그녀의 몸을 한 참 동안 공중에 떠있게 했다.

4. <u>Do</u> you <u>think</u> all of the schools <u>should provide</u> lunches for free?
   - 모든 학교들이 무료로 점심을 제공해야 한다고 생각하시나요?

5. Sangju <u>is</u> very famous for dried perssimmons.
   - 상주는 곶감으로 아주 유명해.

6. The present <u>is</u> not only the past of the future, but also the future of the past.
   - 현재는 미래의 과거일 뿐만 아니라 과거의 미래다.

7. Actually, I <u>used to have</u> the habit of overeating when I <u>was</u> in a bad mood.
   - 실은 나도 기분이 좋지 않을 때 과식하는 습관이 있었지요.

8. The process of losing weight <u>is</u> never as easy as you think.
   - 살을 빼는 과정은 결코 당신이 생각하는 것처럼 쉽지 않아요.

9. Science and technology <u>are not able to solve</u> these fundamental problems.
   - 과학과 기술은 이런 근본적인 문제들을 해결해 줄 수 없어.

   • fundamental
   근본적인

10. It <u>is</u> very important to share our scientific discoveries with other people.
    - 우리의 과학적 발견들을 다른 사람들과 공유하는 것은 아주 중요합니다.

11. <u>Try</u> to understand the ways that these elements relate to each other.
    - 이러한 요소들이 서로 연관되는 방식들을 이해하려 노력하세요.

12. Most people <u>hope</u> to improve relations with North Korea.
    - 대부분의 국민들은 북한과의 관계를 개선하길 바랍니다.

    • improve – d
    향상, 개선시키다

13. Thanks to the movie, the small town <u>became</u> a big tourist attraction.
    - 그 영화 덕분에, 그 작은 마을이 큰 관광 명소가 되었지요.

14. More and more people <u>became</u> interested in this kind of social problem.
    - 점점 더 많은 사람들이 이런 종류의 사회 문제에 관심을 갖게 되었습니다.

15. Though she <u>asked</u> several questions, she <u>seemed</u> to have no interest in me.
    - 몇 가지 질문을 했지만, 그녀는 나한테 아무런 관심이 없어 보였다.

| 1 | (v) 광고하다, 알리다 | **advertise - advertised** | • advertising (n) 광고, 광고 사업 |
| 2 | (n) 광고 | **advertisement (ad)** | • eye-catching advertisement : 눈길을 끄는 광고 |
| 3 | (v) 괜찮다 | **be fine, be ok** | |
| 4 | (v) 고통받다, 시달리다, 겪다 | **suffer - suffered** | • suffer from ~ : ~로 고통받다 |
| 5 | (n) 고통, 괴로움 | **suffering** | • mental suffering : 정신적 고통<br>• physical suffering : 육체적 고통 |
| 6 | (v) 괴롭히다, 왕따시키다 | **bully - bullied** | • bully (n) 괴롭히는 사람 |
| 7 | (n) 교과서 | **textbook** | • reference book : 참고서<br>• workbook : 문제집 |
| 8 | (n) 교복 | **school uniform** | • be in school uniform : 교복을 입고 있다 |
| 9 | (n) 교실 | **classroom** | • teachers' room, staffroom : 교무실 |
| 10 | (n) 교장, 학장 | **principal** | • principal (a) 주요한, 주된<br>• assistant principal : 교감 선생님<br>• principle (n) 원리, 원칙, 법칙 |
| 11 | (n) 교차로, 네거리 | **crossroad, intersection** | |
| 12 | (n) 교통 | **traffic** | • traffic order 교통질서 • traffic signal 교통신호<br>• traffic lights 교통신호등 • traffic jam 교통체증<br>• traffic accident 교통사고 • traffic cop 교통경찰 |
| 13 | (a) 교활한, 은밀한 | **sneaky ( be sneaky )** | • sneak - sneaked (v) 살금살금(몰래) 하다, 가다<br>• sneakers (n) 운동화 |
| 14 | (n) 구두쇠, 욕심쟁이 | **miser** | • miserly (a) 인색한, 욕심 많은 |
| 15 | (v) 구르다, 굴리다, 말다 | **roll - rolled** | • roll (n) 두루마리, (둥글게 말아둔) 통, 구르기 |

**1** They <u>spend</u> a lot of money on advertising to draw consumers' interest.
- 그들은 소비자들의 관심을 끌기 위해 광고에 많은 돈을 쓰지요.

**2** The advertisements <u>are intended</u> to improve the company's image.
- 그 광고들은 회사의 이미지를 향상시키려는 의도지.

• intend to do
~할 의도다

**3** If you <u>do</u> as I tell you, everything <u>will be</u> fine.
- 내가 너한테 말한 대로 하면, 모든 게 괜찮을 거야.

**4** How <u>can</u> you <u>laugh</u> like that, watching people suffer?
- 어떻게 사람들이 고통받는 걸 지켜 보면서 그렇게 웃을 수가 있어?

**5** There <u>are</u> a lot of people who <u>are suffering</u> from the lack of drinking water.
- 식수 부족으로 고통받고 있는 사람들이 많이 있습니다.

**6** They <u>bullied</u> my younger brother and <u>forced</u> him to bring them money.
- 게네들이 내 동생을 괴롭히고 게네들에게 돈을 가져오게 했어.

**7** Our teacher really <u>hates</u> to see the students scribble in their textbooks.
- 우리 선생님은 학생들이 교과서에 낙서하는 걸 엄청 보기 싫어하셔.

• scribble-d
낙서하다, 휘갈겨 쓰다

**8** My grandmother <u>was</u> very happy to see me wearing school uniform.
- 할머니께서는 내가 교복을 입고 있는 걸 보시고는 아주 행복해 보이셨다.

**9** There <u>was</u> a fight in the classroom at the lunch time.
- 점심시간에 교실에서 싸움이 벌어졌다.

**10** Our principal <u>rides</u> bike to work in order to avoid the traffic jam.
- 우리 교장 선생님께서는 교통 체증을 피하려고 자전거를 타고 출근 하신다.

**11** A truck <u>hit</u> a girl who <u>was crossing</u> the street at the crossroad.
- 어떤 트럭이 그 교차로에서 길을 건너고 있던 여자애를 치었다.

**12** There <u>is</u> always a lot of traffic around here at this time.
- 이 시간에 이 근처는 항상 교통량이 많아.

**13** She <u>noticed</u> at once that there <u>is</u> a sneaky trick in the game.
- 그녀는 그 게임에는 교활한 속임수가 있다는 것을 단번에 알아차렸다.

**14** I <u>don't want</u> them to call me a miser.
- 걔들이 날 구두쇠라고 하는 걸 원치 않아.

**15** He <u>rolled</u> up the gum with his dirty hands and <u>put</u> it into his mouth.
- 그는 더러운 손으로 그 껌을 말더니 그걸 입에 집어넣었다.

| | | |
|---|---|---|
| 1 | (n) 구름, 구름 같은 것 | **cloud** |

• **a speck of cloud** : 구름 한 점

| 2 | (a) 구름 낀, 흐린, 탁한, 뿌연 | **cloudy ( be cloudy )** |
|---|---|---|

• **cloudy sky** : 흐린 하늘
• **cloudy window** : 뿌연(흐린) 창문

| 3 | (n) 구멍, 구덩이 | **hole** |
|---|---|---|

• **sinkhole** : 내려앉은 구멍(구덩이)

| 4 | (n) 국가, 나라 | **nation, country, state** |
|---|---|---|

**nation**은 언어, 문화, 전통을 같이하는 '국가'를 뜻하며 **country, state**는 정치와 영토에 따른 '국가'를 뜻합니다.

| 5 | (a) 국가의, 국가적인, 전국적인 | **national** |
|---|---|---|

• **nationality** (n) 국적
• **national team** : 국가 대표팀
• **national park** : 국립공원

| 6 | (n) 국수, 면류 | **noodles** |
|---|---|---|

• **instant noodles** : 라면
• **cold noodles** : 냉면

| 7 | (v) 군침 흘리다, 침 흘리다 | **salivate - salivated** |
|---|---|---|

• **saliva** (n) 침, 타액

| 8 | (v) 굳다, 굳어지다, 단단해지다 | **harden - hardened** |
|---|---|---|

• **hard** (a) 굳은, 단단한, 어려운, 힘든

| 9 | (v) 굶주리다, 굶어 죽다, 굶기다 | **starve - starved** |
|---|---|---|

• **starvation** (n) 굶주림, 기아
• **starve to death** : 굶어 죽다

| 10 | (a) 굶주린, 배고파 죽을 지경인 | **starving ( be starving )** |
|---|---|---|

• **a picture of starving children** : 굶주린 아이들 사진

| 11 | (n) 권리, 권한 | **rights** |
|---|---|---|

• **human rights** : 인권
• **the rights of individuals** : 개인의 권리
• **rights and duties** : 권리와 의무

| 12 | (n) 귀신, 유령, 혼령, 환영 | **ghost, phantom** |
|---|---|---|

• **a creepy ghost story** : 오싹한 귀신 이야기

| 13 | (v) 귀찮게 하다, 신경 쓰다 | **bother - bothered** |
|---|---|---|

• **bothersome** (a) 귀찮은, 성가신

| 14 | (n) 규칙, 원칙, 통치 | **rule** |
|---|---|---|

• **rule - ruled** (v) 통치하다, 지배하다
• **ruler** (n) 통치자, 지배자 / (길이를 재는) 자

| 15 | (a) 규칙적인, 주기(정기)적인, 정규의 | **regular ( be regular )** |
|---|---|---|

• **irregular** (a) 불규칙적인
• **regularity** (n) 규칙성

**1** We also <u>could see</u> the cloud of smoke the fire <u>sent</u> up.
- 우리도 그 화재가 올려보내는 연기구름을 볼 수 있었다.

**2** Divers <u>are having</u> difficulties looking for the missing due to the cloudy water.
- 잠수부들은 탁한 물 때문에 실종자들을 찾는데 어려움을 겪고 있습니다.

• due to ~
~ 때문에

**3** A black hole <u>is</u> a hole in space where gravity <u>is</u> so strong even light <u>can't get out</u>.
- 블랙홀은 중력이 너무 강해서 빛조차 빠져나올 수 없는 우주에 있는 구멍입니다.

**4** We <u>must remember</u> the people who <u>fought</u> for this nation.
- 이 나라를 위해 싸웠던 사람들을 기억해야만 합니다.

**5** The library <u>is closed</u> on national holidays.
- 도서관은 국경일에는 문을 닫습니다.

**6** I <u>can't forget</u> the taste of the noodles we ate there.
- 우리가 거기서 먹었던 국수 맛은 잊을 수가 없어.

**7** The prize money <u>was</u> enough to make them salivate.
- 그 상금은 그들이 군침을 흘리게 하기에 충분했다.

**8** Because this wood glue <u>doesn't need</u> much time to harden, you can <u>save</u> time.
- 이 목공용 접착제는 굳는데 많은 시간이 필요하지 않기 때문에, 시간을 절약할 수 있지요.

**9** Babies <u>are starving</u> to death. Every 15 seconds, a baby <u>dies</u> from starvation.
- 아기들이 굶어 죽고 있어요. 15초마다 한 명의 아기가 기아로 사망합니다.

**10** The mother tiger <u>had to do</u> something for its starving babies.
- 어미 호랑이는 굶주리고 있는 새끼호랑이들을 위해 무언가를 해야만 했다.

**11** The citizens of this nation <u>have</u> equal rights and duties before the law.
- 이 나라의 시민들은 법 앞에서 동등한 권리와 의무를 가집니다.

**12** Ghosts <u>are</u> always <u>longing</u> to have bodies like ours.
- 귀신들은 늘 우리 몸 같은 몸을 갖기를 간절히 바란단다.

• long to do
~하기 갈망하다

**13** The only thing that <u>bothered</u> me <u>was</u> that she <u>kept</u> asking me about that.
- 날 귀찮게 하는(신경 쓰이게 하는) 유일한 것은 그녀가 계속해서 그것에 관해 묻는다는 것이었다.

**14** Who <u>will follow</u> the rules if the president <u>ignores</u> them?
- 대통령이 원칙을 무시하면 누가 원칙을 따르겠어요?

• ignore - d
무시하다

**15** Who <u>doesn't know</u> the importance of regular exercise?
- 규칙적인 운동의 중요성을 누가 모르나요?

| | | |
|---|---|---|
| 1 | (av) 그때, 그 당시에 | **at that time** |
| 2 | (av) 그때, 그 순간에 | **at that moment** |
| 3 | (av) 그 자리에서, 현장에서, 즉석에서 | **on the spot** |
| 4 | (av) 그 전에 / 그 후에 | **after that / before that** |
| 5 | (av) 그때부터 / 그날부터 | **since then / since that day** |
| 6 | (av) 그때까지 / 그날까지 | **until then / until that day** |
| 7 | (n) 그래프, 도표 | **graph** |
| 8 | (av) 그러면, 그때, 그러고는, 그러니까 | **then** |
| 9 | (av) 그러므로, 그러니까, 그래서 | **therefore** |
| 10 | (av) 그런 식으로, 그렇게, 저렇게 / 이런 식으로, 이렇게 | **like that / like this** |
| 11 | (av) 그렇지 않다면 | **otherwise** |
| 12 | (v) 그리다 / 끌다, 당기다 / 비기다 | **draw - drew - drawn** |
| 13 | (n) 그림자, 그늘 | **shadow** |
| 14 | (v) 그만두다, 그만하다, 떠나다 | **quit - quit - quit** |
| 15 | (n) 극장, 영화관 | **theater, cinema** |

• **just at that time** : 바로 그때

• **just at that momnet** : 바로 그때(그 순간에)

• **spot** (n) 점, 반점, 얼룩 / (특정한) 곳, 장소

• **bar graph / line graph** : 막대 그래프 / 선 그래프
• **make(draw) a graph** : 그래프를 그리다

• **just then** : 바로 그때

• **drawing** (n) 드로잉, (색 없는) 그림
• **drawer** (n) 서랍

• **shadowy** (a) 그늘진, 어두운

• **quit ~ing, stop ~ing** (v) 그만하다, 그만두다

1 I am really sorry, but at that time I <u>had</u> no power to help you.
- 정말 미안해, 하지만 그 당시에는 널 도와줄 힘이 없었어.

2 Just at that moment, the string that I <u>was holding</u> <u>broke</u>.
- 바로 그때, 내가 잡고 있던 그 줄이 끊어져 버렸지.

3 The boy <u>ate</u> up a whole chicken on the spot.
- 그 소년은 그 자리에서 통닭 한 마리를 먹어치웠다.

• eat up ~
~을 먹어치우다

4 After that, he <u>chose</u> to live as a human rights lawyer.
- 그 후, 그는 인권변호사로서 살아가기로 했다.

5 Since then, my school life <u>has</u> totally <u>changed</u>.
- 그때부터, 나의 학교생활은 완전히 변해버렸다.

6 <u>Call</u> him again and <u>ask</u> if he <u>can wait</u> for us until then.
- 그에게 전화해서 그때까지 우릴 기다릴 수 있는지 물어봐.

7 Just <u>type</u> numbers into the boxes, then a graph <u>is drawn</u> automatically.
- 박스들 속에 숫자들을 입력해, 그러면 그래프가 자동으로 그려져.

8 Just then, someone <u>knocked</u> at the front door.
- 바로 그때, 누군가가 현관문을 두드렸다.

9 Therefore, we <u>must consider</u> every possibility. We don't need to be in a hurry.
- 그러니까, 모든 가능성을 염두에 둬야 해요. 급할 필요가 없어요.

• be in a hurry
급하다

10 I <u>think</u> there <u>must be</u> a reason that they <u>treat</u> you like this.
- 난 분명 게네들이 이런 식으로 널 대하는 이유가 있다고 생각해.

11 <u>Bring</u> your muffler and gloves, otherwise you <u>would freeze</u> to death.
- 목도리랑 장갑 가져가, 안 그러면 얼어 죽을 거야.

12 A boy <u>was drawing</u> a line along the shadow of the tree.
- 한 소년이 나무의 그림자를 따라 선을 그리고 있었다.

13 The lovely and low sound from the sea <u>drew</u> young men into the water.
- 바다에서 들려오는 사랑스럽고 나지막한 소리는 젊은 사내들을 물속으로 끌어당겼다.

14 How <u>can</u> I <u>make</u> him quit bothering me? He always <u>sticks</u> to me like a leech.
- 어떻게 그 녀석이 날 귀찮게 하는 걸 그만두게 할 수 있을까? 그 녀석은 늘 거머리처럼 나한테 달라붙어.

• leech
거머리

15 I <u>love</u> eating the spicy odeng at the vender beside the theater.
- 난 그 극장 옆에 있는 포장마차에서 매운 오뎅 먹는 게 좋아.

• vender
노점상(포장마차)

| # | 뜻 | 단어 | 설명 |
|---|---|---|---|
| 1 | (n) 글, 글쓰기, 글씨, 필체 | writing | • write - wrote - written (v) 쓰다, 작성하다 |
| 2 | (n) 금성 | Venus | 금성은 '샛별'이라고 하지요. 새벽 동쪽 하늘과 해가 진 뒤 서쪽 하늘에서 볼 수 있습니다. 그래서 **the morning star** 또는 **the evening star**라고도 합니다. |
| 3 | (v) 금지하다 | forbid - forbade - forbidden | • forbidden (a) 금지된<br>• **forbid + O + to do** : O가 ~하는 것을 금하다 |
| 4 | (a) 긍정적인, 분명한 | positive ( be positive ) | • negative (a) 부정적인 |
| 5 | (v) 기다, 기어가다 | crawl - crawled | |
| 6 | (v) 기다리다 | wait - waited | • **wait for ~** : ~를 기다리다<br>• **wait for + O + to do** : O가 ~하길 기다리다 |
| 7 | (v) 기대, 예상하다 | expect - expected | • **expect to do** : ~하길 기대(예상)하다<br>• **expect + O + to do** : O가 ~하길 기대(예상)하다 |
| 8 | (n) 기대, 예상 | expectation | • **beyond/above expectation** : 기대 이상으로<br>• **below expectation** : 기대 이하로 |
| 9 | (a) 기름진, 느끼한 | greasy, oily ( be greasy, oily ) | • **greasy/oily food** : 기름진 음식<br>• **greasy/oily face** : 기름기 흐르는 얼굴 |
| 10 | (a) 기본적인, 기초적인 | basic | • base (n) 기초, 기본, 토대, 근거지<br>• **base - based** (v) 기초(근거)를 두다, |
| 11 | (a) (~에) 기초, 기반, 근거를 둔 | based on ~ | • **film which is based on a real story**<br>: 실화에 근거한 영화 |
| 12 | (v) 기부, 기증하다 | donate - donated | • donation (n) 기부, 기증<br>• donator (n) 기증자, 기부자 |
| 13 | (n) 기분, 감정, 느낌 | feeling(s), mood | feeling은 '어떤 하나의 느낌'을 뜻하고 **feelings**는 '복합적인 감정이나 마음'을 뜻합니다. **mood** 는 '기분' 또는 '분위기'를 뜻합니다. |
| 14 | (v) 기분 상하게 하다 | hurt one's feelings | • hurt - hurt - hurt (v) 다치게(아프게) 하다, 아프다 |
| 15 | (v) 기쁘다, 즐겁다 | be glad ( happy, delighted ) | • **be glad/happy/delighted + to do**<br>: ~해서 기쁘다 |

**1** There **was** some writing on the back of the photo, but it **was** too small to read.
- 사진 뒤에는 어떤 글씨가 있었지만, 너무 작아서 읽을 수 없었다.

**2** Venus **is called** the morning star because it **is seen** in the eastern sky at dawn.
- 금성은 새벽에 동쪽 하늘에서 보이기 때문에 샛별이라고 불려요.

**3** It **is** foolish to strictly forbid children to use bad words at all.
- 아이들에게 욕 쓰는 것을 엄격하게 금지하는 건 어리석은 짓이야.

**4** She **was** such a positive woman that she willingly **shared** all the difficulties.
- 그녀는 모든 어려움들을 기꺼이 함께하는 그런 긍정적인 여자였다.

**5** I **had to crawl** under the dusty floor to catch that.
- 그걸 잡으려고 먼지투성이의 마루 밑으로 기어들어 가야 했다.

**6** I **was looking** for a chance to attack, waiting for him to make a mistake.
- 그가 실수하기를 기다리며 공격할 기회를 찾고 있었지.

**7** I **was** a little bit surprised because I **didn't expect** you to come.
- 네가 올 거라고 기대하지 않았기 때문에 약간 놀랐어.

**8** Frankly, their performance **was** below expectation.
- 솔직히, 그들의 공연은 기대 이하였어.

**9** The doctor **warned** me to avoid greasy foods like fried chicken.
- 의사가 나한테 프라이드치킨같은 기름진 음식들은 피하라고 경고했어.

**10** Freedom of thought **is** one of the most basic human rights.
- 생각의 자유는 가장 기본적인 인권의 하나지요.

**11** Most of her writings **are based** on her personal experiences.
- 그녀의 글 대부분은 그녀의 개인적인 경험에 기초하고 있습니다.

**12** For example, you **can save** precious lives by donating your blood.
- 예를 들면, 당신은 헌혈함으로써 소중한 생명들을 구할 수 있습니다.

\* precious
소중한, 귀중한

**13** I **had** a strong feeling that we **would meet** again.
- 우리가 다시 만날 거라는 강한 느낌이 들었다.

**14** I **was** sorry that my careless words **hurt** her feelings.
- 내 부주의한 말이 그녀의 기분을 상하게 해서 미안했다.

**15** "I **am** really glad to be home again." she said.
- "다시 집에 오게 되어서 정말 기뻐요" 그녀가 말했다.

| 1 | (n) 기술, 실력, 솜씨 | **skill** | • **skilled, skillful** (a) 숙련된, 노련한, 솜씨 좋은 |
| 2 | (v) 기억하다 | **remember - remembered** | • **remember ~ing** : ~한 것을 기억하다<br>• **remember to do** : ~할 것을 기억하다 |
| 3 | (v) 기죽다, 풀이 죽다, 주눅들다 | **feel small - felt small** | |
| 4 | (n) 기회 | **chance, opportunity** | • **chance / opportunity to do** : ~할 기회 |
| 5 | (v) 긴장하다, 초조해하다 | **be nervous** | • **nervous** (a) 긴장한, 초조한 / 신경의 |
| 6 | (v) 길러지다, 키워지다 | **be raised** | • **raise - raised** (v) 기르다, 키우다 / 올리다, 일으키다 |
| 7 | (n) 길이 | **length** | • **long** (a) 긴 |
| 8 | (n) 깃털 | **feather** | • **wing feather** : 날개 깃털 |
| 9 | (a) 깊은 | **deep ( be deep )** | • **depth** (n) 깊이<br>• **deeply** (av) 깊이, 깊숙이 |
| 10 | (a) 까다로운, 가리는 게 많은 | **choosy ( be choosy )** | • **choose - chose - chosen** (v) 고르다, 선택하다 |
| 11 | (n) 까치 | **magpie** | • **Korean magpie** : 한국 까치 |
| 12 | (n) 까칠한 성질, 급한 성미 | **short temper** | • **short-tempered** (a) (성격이)까칠한, 성급한<br>• **temper** (n) 성질, 성미 |
| 13 | (n) 깜짝 이벤트 | **surprise event** | • **surprise party(gift)** : 깜짝 파티(선물) |
| 14 | (v) 깨닫다, 알아차리다<br>/ 실현하다, 달성하다 | **realize - realized** | • **realization** (n) 깨달음, 인식 / 실현, 달성 |
| 15 | (v) 꺼리다, 신경쓰다 | **mind - minded** | • **mind ~ing** : ~하는 것을 꺼리다, 싫어하다<br>• **mind** (n) 마음, 정신 |

**1** He <u>had</u> a car accident while showing off his driving skill.
- 그는 운전 솜씨를 뽐내다가 자동차 사고를 냈다.

• show off
뽐내다, 자랑하다

**2** I <u>remember</u> feeling small when I was with them.
- 게네들과 함께 있을 때는 기가 죽었던 기억이 나.

**3** Please, <u>remember</u> to flush the toilet and leave the ventilator on.
- 제발, 화장실 물 내리는 거랑 환풍기 켜 두는 걸 기억해.

• flush-ed
물을 내리다
• ventilator
환풍기

**4** She <u>thought</u> it <u>was</u> a good opportunity to show off her ability.
- 그녀는 그것이 그녀의 능력을 뽐낼 좋은 기회라고 생각했다.

**5** There <u>are</u> students who <u>are</u> so nervous about exams that they <u>can't sleep</u>.
- 시험에 너무 긴장한 나머지 잠을 자지 못하는 학생들도 있어요.

**6** She <u>was raised</u> by her grandparents, who <u>ran</u> a small restaurant.
- 그녀는 작은 식당을 운영하는 조부모님들의 손에 길러졌다.

**7** <u>Do</u> you <u>remember</u> the formula for the length of an arc?
- 호의 길이를 구하는 공식 기억해?

• formula
공식

**8** The boy <u>fixed</u> the feather in his hat.
- 소년은 그 깃털을 그의 모자에 꽂았다.

**9** We <u>climbed</u> up the rock and <u>looked</u> down the deep water where we <u>would dive</u>.
- 우린 그 바위 위로 기어올라가 우리가 다이빙할 깊은 물을 내려다 보았지.

**10** She asked "Do I look like a woman who is choosy about clothes?"
- 그녀가 물었다. "내가 옷에 까다로운 여자처럼 보여?"

**11** A magpie and a crow <u>were sitting</u> on the wire side by side.
- 까치 한 마리와 까마귀 한 마리가 나란히 전깃줄에 앉아 있었다.

**12** My husband <u>becomes</u> a little short-tempered when he <u>is</u> hungry.
- 남편은 배가 고플 때면 약간 까칠해 져요.

**13** We <u>were planning</u> a surprise event for my mother's birthday.
- 우린 엄마의 생일을 위한 깜짝 이벤트를 계획하고 있었다.

**14** This movie <u>will make</u> you realize how precious your family <u>is</u>.
- 이 영화는 가족이 얼마나 소중한 지를 당신이 깨닫도록 해 줄 겁니다.

**15** I <u>don't mind</u> being teased by those stupid guys.
- 난 저 멍청한 녀석들한테 놀림당하는 건 신경 안 써.

• tease-d
놀리다

| | | |
|---|---|---|
| 1 | (n) 껌 / 잇몸 | **gum (chewing gum)** | • chew - chewed gum (v) 껌 씹다 |
| 2 | (n) 꼬리를 흔들다 | **wag tail - wagged tail** | • wag - wagged (v) 흔들다, 흔들리다 |
| 3 | (n) 꽃다발 | **a bunch of flowers** | • bunch (n) 다발, 묶음 |
| 4 | (n) 꽃가루 | **pollen** | • allergy to pollen : 꽃가루 알러지 |
| 5 | (a) 꽉찬, 가득 한, 배부른 | **full ( be full )** | • be full of ~ : ~로 가득 하다<br>• be filled with ~ : ~로 가득 하다 |
| 6 | (v) 꿈꾸다 | **dream - dreamed** | • dream of ~ing : ~하는 것을 꿈꾸다<br>• dream (n) 꿈 |
| 7 | (v) 꿈틀거리다, 꼼지락거리다 | **wriggle - wriggled** | |
| 8 | (v) 끄다, 잠그다 | **turn off - turned off** | • turn on (v) 켜다 |
| 9 | (v) 끓다, 끓이다, 삶다 | **boil - boiled** | • make one's blood boil<br>: 피를 끓게하다(격노하게 하다) |
| 10 | (a) 끔찍한, 지독한, 심한 | **awful, terrible ( be awful, be terrible )** | |
| 11 | (a) 끝 없는, 무한한 | **endless ( be endless )** | • end (n) 끝, 종료, 최후<br>• end - ended (v) 끝난다, 끝내다 |
| 12 | (v) 끝나다 | **be over** | |
| 13 | (v) 끝나다, 끝내다 | **finish - finished, end - ended** | • finish ~ing : ~하는 것을 끝내다 |
| 14 | (v) 낄낄(키득)거리다 | **giggle - giggled** | |

**1** <u>Are</u> you <u>fighting</u> over the bubble gum again?

- 너희들 또 풍선껌때 문에 싸우고 있는 거야?

**2** I <u>was watching</u> a little girl humming a song, wagging her head.

- 어떤 여자애가 머리를 흔들며 노래를 흥얼거리고 있는 걸 지켜보고 있었다.

**3** She <u>might expect</u> him to come in with a bunch of flowers in his hand.

- 그녀는 그가 손에 꽃다발을 들고 들어올 거라 기대했을 지도 몰라.

**4** The pollen <u>is spread</u> by wind and insects like honey bees.

- 꽃가루는 바람과 꿀벌 같은 곤충들에 의해 퍼집니다.

• spread-spread
퍼뜨리다, 퍼지다

**5** There <u>were</u> several boxes which <u>were</u> full of Legos in his room.

- 그의 방에는 레고로 가득한 상자가 몇 개 있었다.

**6** I <u>have never dreamed</u> of living such a busy life.

- 이렇게 바쁜 인생을 살거라고는 꿈도 꾸지 않았어.

**7** She <u>felt</u> something wriggle there and <u>jumped</u> up out of the chair.

- 그녀는 뭔가가 꿈틀거리는 걸 느끼고는 의자에서 뛰어올랐다.

**8** <u>Don't forget</u> to turn off the heater before you go to sleep.

- 자러 가기 전에 히터 끄는 거 잊지 마라.

**9** <u>Wait</u> until the water <u>begins</u> to boil, and then <u>put</u> the noodles into the boiling water.

- 물이 끓기 시작할 때까지 기다렸다가 끓는 물에 면을 넣으세요.

**10** It <u>must be</u> the most awful experience that I <u>have</u> ever <u>had</u>.

- 이건 내가 해본 가장 끔찍한 경험이 분명합니다.

**11** Of course, I always <u>feel</u> thankful for my parents' endless love and support.

- 물론 제 부모님의 끝 없는 지지와 사랑에 늘 감사하게 느껴요.

• support
지지, 지원

**12** We <u>need</u> a strong belief that these terrible days <u>will be</u> over someday.

- 우린 이 끔찍한 날들이 언젠가 끝날 거라는 강한 믿음이 필요합니다.

**13** <u>Stop</u> whining. I <u>am trying</u> to finish it as fast as possible.

- 그만 보채요. 저도 가능한 한 빨리 이걸 끝내려고 노력하고 있어요.

**14** He <u>glanced</u> at the boys who <u>giggled</u> while he <u>was punished</u>.

- 그는 그가 벌 받는 동안 낄낄거린 놈들을 힐끗 쳐다봤다.

• glance at
힐끗 보다

| | | | |
|---|---|---|---|
| 1 | (v) 나가다, 외출하다 / (불, 전깃불, 등이) 꺼지다, 나가다 | **go out - went out - gone out** | |
| 2 | (n) 나그네, 방랑자 | **wanderer** | • wander - wandered (v) 돌아다니다, 헤매다 |
| 3 | (v) 나누다, 가르다 | **divide - divided** | • division (n) 분할, 분열, 나눗셈<br>• divided (a) 나누어진, 분열된 |
| 4 | (a) 나만의, 나의 | **my own** | • one's own : ~의, ~자신의<br>• own - owned (v) 소유하다 |
| 5 | (n) 나무, 목재 | **wood** | • woods : (forest보다 작은) 숲 |
| 6 | (v) 나무라다, 꾸짖다, 야단치다 | **scold - scolded** | • scold + O + for ~ : ~때문에 O를 야단치다 |
| 7 | (v) ~을 나쁘게(안 좋게) 말하다, 흉보다 | **speak ill of ~, talk badly about ~** | • speak well of ~ (v) 좋게 말하다 |
| 8 | (a) 나약한, 허약한, 약한 | **feeble ( be feeble )** | • feeble light : 희미한 빛<br>• feeble voice : 가냘픈 목소리<br>• feeble old man : 힘없는 노인 |
| 9 | (v) 나타나다, 출연하다 / ~해 보이다, ~인 것 같다 | **appear - appeared** | appear은 1형식 동사일 때는 '나타나다, 출연하다'의 뜻이지만, 2형식 동사일 때 look, seem과 같은 '~인 것 같다'는 뜻입니다. |
| 10 | (v) 낙서하다, 갈겨쓰다 | **scribble - scribbled** | • scribble on the wall : 벽에 낙서하다<br>• scribble her name : 이름을 갈겨쓰다 |
| 11 | (n) 낙엽, 가랑잎 | **fallen leaves** | • leaves (n) leaf(잎)의 복수<br>• falling leaves (n) 낙엽(떨어지고 있는 낙엽) |
| 12 | (n) 낚시 | **fishing** | • fish - fished (v) 낚시하다<br>• go fishing (v) 낚시 가다<br>• fishing rod / net : 낚싯대 / 어망, 그물 |
| 13 | (a) 날 것의, 날 ~, 생 ~ | **raw ( be raw )** | • cooked (a) 익힌, 조리된 |
| 14 | (n) 날개옷, 천상의 옷 | **celestial robe** | • celestial (a) 하늘의, 천상의<br>• robe (n) 예복 |
| 15 | (v) 날다, 날리다, 비행하다 | **fly - flew - flown** | • fly (n) 파리<br>• flight (n) 날기, 비행, 항공편, 항공기 |

**1** We <u>are about to go</u> out for lunch. How about joining us?
- 막 점심 먹으러 나가려던 참이야. 우리랑 같이 갈래?

**2** While we <u>were eating</u> dinner, suddenly all the lights <u>went out</u>.
- 우리가 저녁을 먹고 있는 동안, 갑자기 불이 전부 나가버렸어.

**3** She <u>thought</u> to herself "How wonderful it <u>is</u> to live as a wanderer."
- 그녀가 혼자 생각했다. "방랑자로 산다는 건 얼마나 멋진가.".

• think to oneself
속으로 (혼자) 생각하다

**4** This book <u>is divided</u> into five chapters.
- 이 책은 다섯 장으로 나누어져 있다.

**5** My sister <u>shouted</u> "<u>Mind</u> your own business." and <u>slammed</u> the door.
- 여동생은 "오빠 일에나 신경 써."라고 소리치고는 문을 쾅 닫아버렸다.

• slam - slammed
쾅(탁) 닫다

**6** There <u>were</u> a lot of toys that <u>were made</u> of wood.
- 나무로 만들어진 장난감들이 많이 있었다.

• be made of ~
~로 만들어지다

**7** It <u>is</u> useless to scold your child for not listening to you.
- 말을 듣지 않는다고 아이를 나무라는 건 소용 없어요.

**8** So <u>do</u> you <u>mean</u> that I <u>am</u> too feeble to do that?
- 그래서 내가 그걸 해 내기에는 너무 나약하다는 뜻이냐?

**9** They <u>appeared</u> to be scribbling on the wall.
- 게네들은 벽에 낙서를 하고 있는 것 같았다.

**10** I <u>heard</u> someone tap on the window, and my father's face <u>appeared</u> there.
- 난 누군가 창문을 톡톡 두드리는 걸 들었고, 아버지의 얼굴이 거기 나타났다.

• tap - tapped
톡톡 치다, 두드리다

**11** We <u>walked</u> along the forest path, stepping on the fallen leaves.
- 우린 낙엽을 밟으며 숲길을 따라 걸었다.

• path
작은 길, 오솔길

**12** My family <u>is going to go</u> to the ice fishing festival in Hwachun this weekend.
- 우리 가족은 이번 주말에 화천에서 열리는 얼음낚시 축제에 가려고 해요.

**13** The word Eskimo <u>means</u> people who <u>eat</u> raw meat.
- 에스키모라는 단어는 날고기를 먹는 사람들을 뜻하지요.

**14** My mom <u>looked</u> like a fairy in a celestial robe.
- 엄마는 날개옷을 입은 선녀 같았어요.

**15** The deer <u>said</u> that the fairy <u>can't fly</u> back to heaven without her celestial robe.
- 사슴은 선녀는 날개옷 없이는 하늘나라로 날아갈 수 없다고 말했다.

| | | | |
|---|---|---|---|
| 1 | (n) 날씨, 기상, 일기 | **weather** | • **weather forecast(report)** : 일기 예보 |
| 2 | (a) 날씬한, 얇은, 약간의 | **slim ( be slim )** | • **slim figure** : 날씬한 몸매<br>• **slim possibility** : 약간의 가능성 |
| 3 | (a) 날카로운, 예리한, 뚜렷한 | **sharp ( be sharp )** | • **sharp knife / sword** : 날카로운 칼 / 검<br>• **sharp eyes** : 예리한 눈(눈썰미)<br>• **sharp difference** : 뚜렷한 차이 |
| 4 | (v) 남기다, 떠나다, 내버려 두다 | **leave - left - left** | • **leave + O + 형용사, 분사** : O를 ~한 채로 내버려 두다<br>• **leave + O + O** : O에게 O를 남겨주다 |
| 5 | (v) 납치하다, 유괴하다 | **abduct - abducted, kidnap - kidnapped** | • **abduction** (a) 납치, 유괴<br>• **kidnapping** (a) 납치, 유괴 |
| 6 | (v) 낭비하다, 허비하다 | **waste - wasted** | • **waste** (n) 쓰레기, 폐기물 |
| 7 | (a) 낮은 (av) 낮게 | **low ( be low )** | |
| 8 | (v) 낮추다, 내리다, 낮아지다 | **lower - lowered** | • **lower one's head** : 머리를 숙이다<br>• **lower one's voice** : 목소리를 낮추다 |
| 9 | (n) 낯선 사람, 이방인 | **stranger** | • **strange** (a) 낯선, 이상한 |
| 10 | (a) 내부의, 내면의, 안쪽의 | **inner** | • **outer** (a) 외부의, 바깥쪽의 |
| 11 | (v) 냄새나다, 냄새 맡다 | **smell - smelled** | • **smell** (n) 냄새<br>• **smelly** (a) 냄새(악취) 나는 |
| 12 | (a) 넓은, 폭넓은 | **broad, wide ( be broad, be wide )** | • **narrow** (a) 좁은 |
| 13 | (v) (~을 ~에) 넣다 | **put in ~ - put ~ in ~** | |
| 14 | (v) 노닥거리다, 수다 떨다,<br>이야기를 나누다 | **chat - chat - chat** | • **chat** (n) 수다, 담소<br>• **chatty** (a) 수다스러운, 재잘거리는 |
| 15 | (v) 노래하다, 지저귀다, 울다,<br>소리를 내다 | **sing - sang - sung** | • **song** (n) 노래 |

**1** The cold weather <u>is likely to continue</u> until this weekend.
- 추운 날씨가 이번 주말까지 계속될 것 같습니다.

**2** Regular exercise <u>is</u> the best way to keep you healthy and slim.
- 규칙적인 운동이 당신을 건강하고 날씬하게 유지하는 제일 좋은 방법이지요.

**3** The kitchen knife the old man <u>sharpened was</u> as sharp as a new one.
- 그 할아버지가 간 부엌칼은 새것처럼 날카로웠다.

• sharpen - ed
날카롭게하다, 갈다, 깎다

**4** I <u>won't tell</u> you the rest. Instead, I <u>leave</u> it to your imagination.
- 나머지는 여러분께 말하지 않겠어요. 그건 여러분의 상상에 맡깁니다.

**5** According to the police, the boy <u>has been abducted</u> on his way to school.
- 경찰에 따르면, 그 아이는 학교 가는 길에 납치되었다고 합니다.

• according to ~
~에 따르면, ~에 따라

**6** <u>Stop</u> wasting time. There <u>is</u> a lot of work to finish today.
- 시간 낭비 그만해. 오늘 끝내야 할 일이 많아.

**7** The most serious problem we <u>are facing is</u> the low birth rate.
- 우리가 직면하고 있는 가장 심각한 문제가 낮은 출산율이지요.

• face - faced
직면하다, 직시하다
•birth rate
출산율

**8** I <u>have to sleep</u> now. <u>Could</u> you <u>lower</u> the volume a little?
- 나 이제 자야 해. 볼륨 조금만 낮춰줄래?

**9** Leaving home, mom <u>told</u> me again not to open the door to strangers.
- 집을 나서면서, 엄마는 낯선 사람들에게 문 열어주지 말라고 다시 말했다.

**10** <u>Follow</u> your inner voice if you <u>don't want</u> to waste your life.
- 인생을 낭비하고 싶지 않다면 당신 내면의 소리를 따라가세요.

**11** I <u>refused</u> to eat the meat because it <u>smelled</u> terrible.
- 그 고기가 끔찍한 냄새가 나서 먹기를 사양했다.

**12** At the end of the forest, a broad river <u>appeared</u> in front of us.
- 그 숲의 끝에서, 넓은 강이 우리들 앞에 나타났다.

**13** There <u>is</u> a witness who <u>saw</u> you <u>put</u> the phone in your pocket.
- 당신이 그핸드폰을 주머니에 넣는 걸 본 목격자가 있어요.

• witness
목격자

**14** Sometimes, I <u>allow</u> myself to spend time chatting with my friends.
- 가끔, 저는 저 자신한테 친구들과 잡담하면서 시간을 보내기도 허락하기도 해요.

**15** I <u>love</u> the scene in which the woman <u>sings</u> softly to the baby.
- 난 그 여자가 아기한테 부드럽게 놀래 불러주는 그 장면이 좋아.

• scene
장면

37

| | | | |
|---|---|---|---|
| 1 | (v) (~를) 노려보다, 쏘아보다 | glare at ~ - glared at ~ | • stare - stared at ~ (v) 노려보다, 응시하다, 쳐다보다 |
| 2 | (n) 노력, 수고 | effort | • make an effort (v) 노력하다 |
| 3 | (v) 노력하다, 애쓰다 / (시험삼아) 해 (먹어, 입어, 써, 시도 해, 등)보다 | try - tried | • try to do : ~하려고 노력하다, 애쓰다<br>• try ~ing : (시험삼아) ~해보다<br>• try (n) 시도 |
| 4 | (n) 노인 | old man, old woman, old person | |
| 5 | (v) 노출하다, 드러내다, 폭로하다 | expose - exposed | • exposure (n) 노출, 폭로 |
| 6 | (v) 녹음(녹화)하다, 기록하다 | record - recorded | • record (n) 기록, 음반 |
| 7 | (v) 놀라게 하다 | surprise - surprised | • surprise (n) 놀람, 놀라운 일<br>• be surprised at ~ : ~에 놀라다 |
| 8 | (a) 놀라운 | surprising ( be surprising ) | • surprisingly (av) 놀랍게도, 놀랍도록 |
| 9 | (v) 놀리다, 귀찮게 하다, 괴롭히다 | tease - teased | • teasing (a) 놀리는, 괴롭히는, 성가신<br>• be teased : 놀림 당하다 |
| 10 | (v) 농사짓다 | farm - farmed | • farm (n) 농장, 농원, 농가<br>• farmer (n) 농부 |
| 11 | (v) 놓치다 / 그리워하다 | miss - missed | • missing (a) 없어진, 실종된 |
| 12 | (n) 뇌, 두뇌, 머리, 우수한 사람 | brain | • brainy (a) 아주 똑똑한<br>• brain cancer (n) 뇌종양 |
| 13 | (v) 누르다, 압박하다 | press - pressed, push - pushed | • push (v) 누르다, 밀다, 밀어붙이다 |
| 14 | (a) 눈먼 | blind ( be blind ) | • blind - blinded (v) 눈멀게 하다 |
| 15 | (v) 눈이 마주치다 | eyes meet - eyes met | |

**1** My mom <u>sat</u> on the sofa for a while, glaring at my dad angrily.

- 엄마는 화가 나서 아빠를 쏘아보며 한참을 소파에 앉아있었다.

**2** Don't <u>expect</u> a reward for the effort you <u>made</u> for others.

- 당신이 다른 이들을 위해 한 노력에 보답을 기대하지 마세요.

• reward
보상, 보답

**3** I <u>tried</u> all the numbers I could think up to open the door.

- 그 문을 열려고 내가 생각해 낼 수 있는 모든 숫자들을 시도해 봤다.

• think up
생각해 내다

**4** The old man <u>walked</u> carefully on the icy street, trying not to fall.

- 그 노인은 넘어지지 않으려고 애쓰면서, 얼어붙은 길을 조심조심 걸었다.

**5** Our children <u>are likely to be exposed</u> to these harmful environments.

- 아이들이 이런 유해 환경에 노출되기 쉬워요.

• harmful
유해한, 해로운

**6** All the websites you <u>have visited are</u> automatically <u>recorded</u> here.

- 네가 방문한 모든 웹사이트가 여기에 자동으로 기록되지.

**7** What <u>surprised</u> me <u>was</u> how calm the little boy was in that situation.

- 날 놀라게 한 건 그 어린아이가 그런 상황에서 얼마나 침착한지 하는 거였어.

**8** It <u>is</u> not surprising at all you <u>felt</u> like that.

- 네가 그렇게 느낀 건 놀랍지도 않아.

**9** <u>Tell</u> them not to tease the dog. They <u>will end up</u> being bitten.

- 재들한테 개를 놀리지 말라고 하세요. 쟤들 저러다 물려요.

• end up ~
결국 ~하게 되다

**10** Most of the village people <u>have farmed</u> here for generations.

- 대다수의 마을 사람은 여러 세대에 걸쳐 여기서 농사를 지어왔습니다.

**11** The poor farmer <u>had</u> no choice but to sell the small farm that <u>was</u> like his life.

- 그 가난한 농부는 목숨과도 같았던 작은 농장을 파는 것밖에는 다른 선택이 없었다.

• have no choice
but to do
~하는 것 외에는 방법
이 없다

**12** I <u>can't miss</u> the last train because I <u>don't have</u> enough money to take a taxi.

- 택시 탈 돈이 없으니까 막차를 놓치면 안 돼.

**13** She <u>began</u> to miss the days when she <u>was</u> an ordinary girl.

- 그녀는 그녀가 평범한 소녀였던 날들이 그리워지기 시작했다.

• ordinary
평범한

**14** The tumor in your brain <u>presses</u> on this part and <u>will make</u> you blind in the end.

- 당신 뇌의 종양이 이 부분을 압박하고 결국에는 당신을 눈멀게 할 겁니다.

• tumor
종양

**15** The hunt for the missing people <u>continued</u> morning, noon and night for days.

- 실종자들을 찾기 위한 수색작업은 며칠 동안 밤낮없이 계속되었다.

| 1 | (v) 눕다, 누워있다 / (~에) 있다 | **lie - lay - lain ( lying )** | lie의 진행형 또는 동명사의 형태는 **lying**입니다 |
| 2 | (v) 느끼다 / ~인 것 같다 | **feel - felt - felt** | • **feel +** O + 분사/V : O가 ~하는 것을 느끼다<br>• **feel +** 형용사 : ~인 것 같다, ~하게 느껴지다<br>• **feel like ~** : ~처럼 느껴지다 |
| 3 | (n) 느낌, 기분, 감정 | **feeling, feelings** | • **feeling of hunger / sadness** : 배고픈/슬픈 느낌 |
| 4 | (v)(~에) 능숙하다, 잘하다 | **be good at ~** | • **be poor at ~** : ~에 서툴다, 잘 못 하다 |
| 5 | (a) 늦은, 지각한 | **late ( be late )** | • **early** (a) 이른, 초기의 |
| 6 | (av) 늦게, 늦은 시간에 | **late** | • **lately** (av) 최근에, 요즘 |

**1** I <u>was watching</u> TV, lying on the sofa. Then, I <u>felt</u> my mom staring at me.
- 난 소파에 누워서 TV를 보고 있었어. 그때, 나는 엄마가 날 노려보고 있는 걸 느꼈지.

**2** While talking with her, I <u>felt</u> that I <u>was missing</u> something important.
- 그녀와 대화하면서, 나는 중요한 무언가를 놓치고 있다는 것을 느꼈다.

**3** Sometimes I <u>feel</u> like a wanderer, and I <u>liked</u> that kind of feeling.
- 가끔 난 나그네처럼 느껴지는데, 난 그런 느낌이 좋아.

**4** We <u>need</u> people who <u>are</u> good at solving problems on the spot.
- 우린 현장에서 문제를 해결하는데 능숙한 사람들이 필요합니다.

**5** Most farmers <u>are</u> very busy from early spring to late fall.
- 농부들 대부분은 이른 봄부터 늦은 가을까지 아주 바쁘지요.

**6** I <u>missed</u> the bus and <u>arrived</u> there about 30 minutes late.
- 난 버스를 놓쳤고 30분 정도 늦게 거기 도착했다.

| 1 | (n) 다람쥐 | **squirrel** | • acorn (n) 도토리 |
|---|---|---|---|

| 2 | (v) 다루다, 대하다, 처리하다, 치료하다 | **treat - treated** | • treat (n) 한턱 내기, 대접<br>• treatment (n) 처리, 치료, 대우 |
|---|---|---|---|

| 3 | (v) (~을) 다루다, 처리하다 | **deal - dealt - dealt with ~** | • deal (v) (카드를) 돌리다 (n) 거래<br>• a good/great deal of ~ : 많은 ~ |

| 4 | (a) 다른, 각양각색의 | **different ( be different)** | • be different from ~ : ~와 다르다<br>• difference (n) 차이, 다름 |

| 5 | (n) 다른 이들(사람들) | **others** | • other (a) 다른, 또 다른, 그 밖의 |

| 6 | (a) 다문화의 | **multicultural ( be multicultural )** | • multicultural society : 다문화 사회<br>• multicultural age : 다문화 시대 |

| 7 | (a) 다양한, 가지각색의 | **diverse** | • diverse cultures/opinions/experiences<br>: 다양한 문화/의견/경험 |

| 8 | (n) 다양성 | **diversity** | • cultural diversity : 문화적 다양성<br>• diversity of culture : 문화의 다양성 |

| 9 | (v) 다운로드하다, 내려받다 | **download - downloaded** | • download (n) 다운로드, 내려받기 |

| 10 | (n) 다이어트, 식사, 식습관 | **diet** | • go on a diet : 다이어트하다<br>• start a diet : 다이어트를 시작하다<br>• healthy diet : 건강한 식사(식습관) |

| 11 | (n) 다큐멘터리 | **documentary** | • documentary film : 다큐멘터리 영화 |

| 12 | (a) 다행한, 운 좋은, 행운의 | **lucky ( be lucky )** | • luck (n) 운, 행운<br>• luckily (av) 다행히도, 운 좋게도<br>• unlucky (a) 불행한, 운 나쁜 |

| 13 | (a) 다행한, 운 좋은, 행운의 | **fortunate ( be fortunate )** | • fortune (n) 운, 행운, 재산<br>• fortunately (av) 다행히도, 운 좋게도 |

| 14 | (n) 단어, 말, 가사, 대사 | **word** | • in a word : 한 마디로<br>• in other words : 다른 말로<br>• without a word : 말 없이 |

| 15 | (v) 닫다, 감다, 끝내다, 마감하다 | **close - closed** | • closed (a) 닫힌<br>• close (a) 가까운, 친밀한, 밀접한 |

1. Squirrels <u>save</u> acorns in their nests or ground for winter.
   - 다람쥐들은 겨울을 대비해 땅이나 둥지에 도토리를 저장해 두지요.

2. I <u>expect</u> you to treat this matter very seriously.
   - 이 문제를 매우 신중하게 처리하길 기대합니다.

3. She <u>must be</u> a student who <u>is</u> difficult to deal with, but that is your job.
   - 그녀는 다루기 힘든 학생이 분명하지만 그게 당신 일이잖아요.

4. This program <u>is</u> a little different from the one I <u>have used</u>.
   - 이 프로그램은 제가 사용하던 것과는 약간 달라요.

5. That <u>was</u> the only way to communicate with others at that time.
   - 그것이 그 당시에는 다른 사람들과 소통할 수 있는 유일한 방법이었다.

6. We <u>live</u> in a multicultural society where that kind of stereotype never <u>helps</u>.
   - 우린 그런 고정관념이 전혀 도움이 되지 않는 다문화 사회에 살고 있어요.

   • stereotype
   고정관념

7. It <u>is</u> a very stressful job to deal with customers' diverse demands.
   - 고객들의 다양한 요구를 다루는 건 아주 힘든 직업입니다.

8. We <u>don't need</u> a leader who doesn't accept diversity.
   - 우리는 다양성을 인정하지 않는 리더는 필요 없다.

   • accept - ed
   받아들이다, 인정하다

9. You <u>can change</u> the setup so that update files <u>are downloaded</u> automatically.
   - 업데이트 파일이 자동으로 다운로드 되도록 셋업을 변경할 수 있습니다.

10. In the new year, I <u>will quit</u> smoking and <u>go</u> on a diet.
    - 새해에는 담배 끊고 다이어트 할 거야.

11. They <u>made</u> this beautiful documentary film with only one camcorder.
    - 그들은 캠코더 한 대로 이 멋진 다큐영화를 만들었지.

12. Of course, I also <u>thought</u> I <u>was</u> lucky to find such a girlfriend at first.
    - 물론, 나도 처음에는 이런 여친을 찾아내서 운이 좋다고 생각했어.

13. It <u>was</u> fortunate there <u>was</u> no one in the building when the fire <u>broke out</u>.
    - 불이 났을 때 건물 안에 아무도 없어서 대행이야.

    • break out
    전쟁, 화재, 등이 일어
    나다

14. It <u>is</u> difficult to explain in a word how wonderful it was.
    - 그게 얼마나 멋졌는지 한 마디로 설명하기는 어렵지.

15. She <u>closed</u> the book and <u>closed</u> her eyes without a word.
    - 그녀는 책을 덮고 말없이 눈을 감았다.

| 1 | (v) 닮다, 비슷하다 | resemble - resembled | • **look like ~, take after ~** : ~을 닮다 |

| 2 | (v) 담배 피우다, 연기를 내다 | smoke - smoked | • **smoke** (n) 흡연, 연기, 연기 같은 것<br>• **smoky** (a) 연기가 자욱한, 연기가 나는, 흐릿한 |

| 3 | (n) 담배꽁초 | cigarette butt/end | • **cigarette smoke** : 담배 연기 |

| 4 | (n) 담, 담장, 벽 | wall | • **fence** (n) 울타리 |

| 5 | (n) 답지, 답안지 | answer sheet | • **mark(fill in) the answer sheet** : ~작성하다<br>• **turn(hand) in the answer sheet** : ~제출하다<br>• **sheet** (n) 침대 시트, 종이 한 장 |

| 6 | (a) 당당한, 자신감 있는, 확신하는 | confident ( be confident ) | • **confidence** (n) 자신감, 신뢰, 확신<br>• **be confident of ~** : ~를 확신하다 |

| 7 | (av) 당분간, 잠시, 한참 동안 | for a while | • **while** (av) 잠시, 잠깐, 동안<br>• **while** (부사절 접속사) ~하는 동안 / ~인 데 반하여 (대조를 표현함) |

| 8 | (v) 당선되다, 선출되다 | be elected | • **elect - elected** (v) 선출하다<br>• **election** (n) 선거, 투표 |

| 9 | (av) (지금) 당장, 지금, 방금 | right now | |

| 10 | (v) 당황스럽다, 곤혹스럽다 | be embarrassed | • **embarrass - ~ed** (v) 당황스럽게, 곤혹스럽게 하다<br>• **embarrassing** (a) 당황스러운, 곤혹스러운 |

| 11 | (v) 당황스럽다, 혼란스럽다 | be puzzled | • **puzzle - puzzled** (v) 당황스럽게, 혼란스럽게 하다<br>• **puzzle** (n) 퍼즐, 수수께끼, 어려운 문제 |

| 12 | (v) 대답하다, 응답하다<br>/ 들어맞다, 부합하다 | answer - answered | • **answer** (n) 대답, 응답, 답, 해결책<br>• **answerless** (a) 대답 없는, 응답 없는 |

| 13 | (av) 대신에, 대신 | instead | • **instead of ~** (av) ~ 대신, ~대신에 |

| 14 | (v) 대신하다, (낡은 것을) 교체하다 | replace - replaced | • **replacement** (n) 대체, 교체 |

| 15 | (n) 대중, 민중, 일반 사람들,<br>일반 국민 | the public, the people | • **public** (a) 대중의, 일반인의, 공공의<br>• **public transportation** : 대중교통 |

**1** "You <u>are</u> bright because you <u>resemble</u> me!" mom <u>said</u>.
- "넌 날 닮아 머리가 좋단 말이야!" 엄마가 말했다.

**2** My son <u>was caught</u> smoking at school again. I <u>don't know</u> who he <u>looks</u> like.
- 아들이 또 학교에서 담배 피우다가 걸렸어. 걘 누굴 닮았는지 모르겠어.

**3** The cigarette butt you carelessly <u>throw away</u> <u>may destroy</u> all the forests.
- 당신이 무심코 버린 담배꽁초가 모든 숲을 파괴할 수도 있습니다.

• destroy - ed
파괴하다

**4** Though I <u>thought</u> and <u>thought</u>, I <u>failed</u> to find out what <u>was</u> the wall between us.
- 난 생각하고 또 생각했지만, 우리 사이에 놓여있는 그 벽의 정체를 알아낼 수 없었다.

**5** I <u>marked</u> the answer sheet randomly and <u>laid</u> my face down on the desk.
- 난 되는대로 답지에 찍고 책상에 엎드렸다.

• randomly
무작위로

**6** This hairstyle <u>will make</u> you look more confident.
- 이 헤어스타일이 널 좀 더 자신감 있어 보이게 해 줄 거야.

**7** You <u>look</u> so tired. Why <u>don't</u> you <u>lie down</u> for a while?
- 엄청 피곤해 보여요. 잠시 눕지 그러세요?

**8** He <u>was</u> the first president who <u>was elected</u> democratically by the people.
- 그는 국민에 의해 민주적으로 선출된 첫 번째 대통령이었다.

• democratically
민주적으로

**9** Right now it <u>is</u> difficult to say who <u>will be elected</u> president, but....
- 지금 당장 누가 대통령으로 선출될지 말하기는 어렵습니다만....

**10** She <u>must have been</u> pretty embarrassed when you <u>asked</u> about him.
- 그녀는 네가 그 남자에 대해서 물었을 때 꽤 당황스러웠을 거야.

**11** My sister <u>looked at</u> me with a puzzled look.
- 누나는 당황한 표정으로 날 쳐다보았다.

**12** I <u>will never stand</u> before I <u>find</u> a perfect answer to this question.
- 내가 이 의문에 대한 완전한 해답을 찾기 전에는 절대 일어나지 않겠다.

**13** If you <u>don't have</u> time to deal with it right now, I <u>can do</u> instead.
- 네가 당장 그걸 처리할 시간이 없다면, 내가 대신 할 수 있어.

**14** So <u>do</u> you <u>mean</u> that in the future, even teachers <u>may be replaced</u> by AI?
- 그래서 미래에는 선생님들조차 인공지능으로 대체될 수도 있다는 뜻이야?

**15** There <u>is</u> no reason Cheongwadae <u>is closed</u> to the public.
- 청와대가 일반인들에게 공개되지 않을 이유는 없습니다.

| 1 | (n) 대학교 | university, college | |
|---|---|---|---|
| 2 | (n) 대회, 시합 | contest | • contest - contested (v) 경쟁하다, 다투다<br>• enter(take part in) a contest : 대회에 나가다 |
| 3 | (v) 던지다 | throw - threw - thrown | • throw away ~ : ~을 버리다 |
| 4 | (v) 덮다, 씌우다, 가리다 | cover - covered | • cover (n) 커버, 덮개, 표지, 은신처 |
| 5 | (v) 데려가다(오다), 가져오다(가다) | bring - brought - brought, take- took - taken | |
| 6 | (a) 데워진, 격렬한, 열띤 | heated ( be heated ) | • heat - heated (v) 데우다, 달구다<br>• heat (n) 열, 열기, 온도 |
| 7 | (n) 도구, 연장, 공구 | tool | • power tool : 전동 공구 |
| 8 | (v) 도달하다, 닿다, ~에 이르다, 도착하다 | reach - reached | 일상적으로는 "get to ~"를 사용합니다. |
| 9 | (n) 도로, 길, 거리 | road, street | road는 마을, 도시, 등을 이어주는 자동차가 다니는 길을 뜻하고 street는 마을이나 도시 안에 있는 길을 뜻합니다. |
| 10 | (n) 도전, 시험대, 문제 | challenge | • challenge - challenged (v) 도전하다 |
| 11 | (n) 독립 | independence | • independence fighter : 독립투사<br>• dependence (n) 의존, 의지 |
| 12 | (a) 독립(독자)적인, 자립의, 자립심 강한 | independent ( be independent ) | • dependent (a) 의존적인<br>• depend - ~ed (v) 의존하다 |
| 13 | (n) 독후감 | book report, book review | |
| 14 | (v) 돈 벌다 | make money, earn money | • spend/waste money : 돈을 쓰다/낭비하다<br>• save/raise money : 돈을 저축하다/마련하다 |
| 15 | (n) 돌, 돌멩이 | stone | • pebble (n) 조약돌, 자갈<br>• rock (n) 암석, 바위 |

**1** What <u>do</u> the students <u>learn</u> in a university, paying so much money?
- 학생들은 그렇게 많은 돈을 내면서 대학에서 뭘 배우나?

**2** You <u>sing</u> so well. You <u>should enter</u> a singing contest.
- 너 노래 참 잘하는구나. 노래자랑에 나가야겠는 걸.

**3** Once you <u>make up</u> your mind, just <u>throw</u> yourself into it.
- 일단 결심을 했으면, 너 자신을 그것에 던져버려.

**4** It <u>is</u> just like covering the sky with hands. The world <u>will make fun of</u> us.
- 이건 손으로 하늘을 가리는 격입니다. 세상일 우릴 비웃을 겁니다.

**5** It <u>was</u> the first time she <u>had</u> ever <u>brought</u> a boy home.
- 그녀가 집에 남자를 데려온 건 처음 이었다.

**6** Last evening, there <u>was</u> a very heated discussion about that issue.
- 어제저녁, 이 이슈에 대한 매우 열띤 토론이 있었다.

**7** In order to start woodwork, you <u>need</u> to have basic tools like plane and chisel.
- 목공을 시작하시려면, 대패, 끌 같은 기본적인 연장이 필요합니다.

• plane
대패
• chisel
끌

**8** She <u>felt</u> she <u>was reaching</u> a point where she <u>had to leave</u> there.
- 그녀는 그녀가 그곳을 떠나야 하는 시점에 이르고 있다고 느꼈다.

**9** This road <u>is</u> one of the most beautiful roads in Korea.
- 이 도로가 한국에서 가장 아름다운 도로 중 하나야.

**10** Instead of being rich, being honest <u>should be</u> the challenge faced by each of us.
- 부자가 되는 것 대신, 정직해지는 것이야말로 우리들 각자가 직면한 도전이어야 합니다.

• face - faced
마주하다, 직면(직시)하
다

**11** Of course, I also <u>hope</u> to get a job that <u>will give</u> me economic independence.
- 물론, 저도 제게 경제적 자립을 가져다줄 직업을 갖고 싶지요.

**12** These conditions <u>made</u> him more independent than other boys of his age.
- 이런 조건들이 그를 그 또래의 다른 아이들보다 자립심이 강하게 만들었습니다.

**13** Writing book report <u>was</u> like a kind of torture to me.
- 독후감 쓰기는 나에게 일종의 고문같았다.

• torture
고문

**14** At that time, she <u>was</u> the only person in the house who was <u>earning</u> money.
- 그 당시에, 그녀는 돈을 벌고 있는 집안의 유일한 사람이었지.

**15** I <u>threw</u> a stone over the road, and it <u>reached</u> the other side of the road.
- 난 돌멩이 하나를 길 너머로 던졌고 그 돌멩이는 길 반대편에 닿았다.

| | | | |
|---|---|---|---|
| 1 | (v)**돌다, 돌리다 , 뒤집다, 바꾸다 / (~한 상태가) 되다** | **turn - turned** | • **turn on / off** : 켜다 / 끄다<br>• **turning point** : 전환기, 분기점 |
| 2 | (v)(~을) **돌보다, 보살피다 / (매우) 좋아하다** | **care for ~ - cared for ~** | '돌보다'의 의미로 look after ~, take care of ~도 함께 알아두세요. |
| 3 | (v)**돌아다니다, 자주 ~하다 / 돌아서 가다** | **go around - went around - gone around** | |
| 4 | (v)(~로, ~에) **돌아오다, 돌아가다** | **return to ~ - returned to ~** | come back to~, get back to~, turn back to~도 '돌아오다(가다)'의 뜻이고 go back to~은 '돌아가다'의 뜻입니다. |
| 5 | (v)**돕다, 거들다, 도움이 되다** | **help - helped** | • **help** (n) 도움<br>• **helpful** (a) 도움이 되는<br>• **help + O + (to) ~** : O가 ~하도록 돕다 |
| 6 | (a)**동등한, 평등한, 같은** | **equal ( be equal )** | • **be equal to ~** : ~와 같다, 동등하다 |
| 7 | (n)**동명사** | **gerund** | • **infinitive** : 부정사<br>• **participle** : 분사 |
| 8 | (n)**동물, 짐승** | **animal** | • **wild animal** : 야생동물<br>• **tame animal** : 길들여진 동물 |
| 9 | (n)**동사** | **verb** | • **noun** : 명사<br>• **adjective** : 형용사<br>• **adverb** : 부사 |
| 10 | (n)**동심** | **children's hearts(minds), child's heart(mind)** | |
| 11 | (n)**동쪽** | **the east** | • **east, west, south, north** : 동서남북 |
| 12 | (a)**동쪽의, 동양의** | **east, eastern** | • **west, western** : 서쪽의<br>• **south, southern** : 남쪽의<br>• **north, northern** : 북쪽의 |
| 13 | (n)**동틀 녘, 새벽** | **daybreak, dawn** | • **sunset, dusk** : 해 질 녘, 일몰, 황혼 |
| 14 | (n)**동해** | **the East Sea** | |
| 15 | (n)**돼지 저금통** | **piggybank** | • **money box** : 저금통 |

**1** As soon as I <u>saw</u> her, I quickly <u>turned</u> and <u>walked</u> out of there.
- 그녀를 보자마자, 난 재빨리 돌아서서 그곳을 걸어 나왔다.

**2** Before I <u>leave</u>, I <u>want</u> to thank my friends who cared for me.
- 떠나기 전에, 저를 보살펴준 친구들에게 고마움을 전하고 싶어요.

**3** As usual, the boss <u>was going around</u> pointing out to us at the office.
- 평소처럼, 사장은 사무실에서 우리에게 지적질을 하면서 돌아다니고 있었다.

• point out ~
가리키다, 지적하다

**4** I <u>was</u> really glad to return to my normal everyday after the long struggle.
- 난 그 긴 싸움 끝에 평범한 일상으로 돌아올 수 있어 정말 기뻤다.

• normal
보통의, 평범한

**5** <u>Is</u> there anyone who <u>can help</u> me (to) prepare dinner?
- 저녁 준비하는 거 도와줄 사람?

**6** Many people <u>fought</u> for the equal rights for many years in this country.
- 많은 사람들이 이 나라에서 여러 해 동안 동등한 권리를 위해 싸웠습니다.

**7** There <u>are</u> three forms of verbals in English. Gerund, infinitive, and participle.
- 영어에는 세 가지 형태의 준동사들이 있습니다. 동명사, 부정사 그리고 분사.

• verbal
준동사

**8** She <u>is</u> old enough to understand life, but still <u>has</u> a child's heart.
- 그녀는 삶을 이해할 만큼 나이가 들었음에도 여전히 동심을 가지고 있지요.

**9** If you really <u>did</u> so, you <u>are</u> little better than an animal.
- 네가 정말로 그렇게 했다면, 넌 짐승보다 나을 게 없어.

• little
거의 ~않다

**10** The verb <u>is</u> one of the parts of speech that describes an action or state.
- 동사는 어떤 행동이나 상태를 묘사하는 품사 중 하나지요.

• describe -d
묘사하다

**11** The sun <u>will rise</u> in the west, and <u>set</u> in the east tomorrow.
- 내일은 해가 서쪽에서 떠서 동쪽으로 지겠네.

**12** Sitting on the rock, he <u>looked at</u> the eastern sky growing gradually light.
- 바위 위에 앉아서, 그는 동쪽 하늘이 차차 밝아오고 있는 것을 바라보았다.

**13** At daybreak or dusk, the rock on the mountain <u>looks like</u> Buddha.
- 동틀 녘이나 해 질 녘에, 산 위의 저 바위는 부처님을 닮았습니다.

**14** Who <u>was</u> the king,  buried in the East Sea to protect Silla from Japanese?
- 왜구로부터 신라를 보호하려고 동해에 묻힌 왕은?

**15** He <u>has</u> a habit of putting all coins into the piggybank.
- 그는 모든 동전을 돼지저금통에 넣는 습관이 있지.

| | | |
|---|---|---|
| 1 | (v) (~이) 되다, (~해) 지다 | become - became - become | '되다, 지다'의 뜻을 가진 2형식 동사에는 get, grow, turn, fall, go, come도 있습니다. |

| 2 | (av) 두 번, 두 배로 | twice, two times | '한 번'은 once '세 번, 네 번, 다섯 번, 등'은 three times, four times, five times, 등으로 표현합니다. |

| 3 | (a) 두꺼운, 빽빽한, 짙은 | thick ( be thick ) | • thin : 얇은, 가는, 숱이 적은, 옅은 |

| 4 | (v) 두다, 놓다, 넣다 | put - put - put | |

| 5 | (n) 두려움, 공포 | fear | • in/with fear : 두려워서, 무서워서<br>• feel/dismiss fear : 두려움을 느끼다/물리치다<br>• fear - ed (v) 두려워하다, 무서워하다 |

| 6 | (a) 두려운, 무서운, 걱정하는 | fearful ( be fearful ) | • be fearful of ~ : ~을 걱정하다, 무서워하다<br>• fearless (a) 겁없는, 무서워하지 않는 |

| 7 | (n) 두통 | headache | • ache (n) 아픔, 통증 (v) 아프다, 쑤시다<br>• have a headache : 두통이 있다 |

| 8 | (v) 둘러보다 | look around - looked around | |

| 9 | (v) 둘러싸다, 에워싸다, 포위하다 | surround - surrounded | • be surrounded with(by) ~ : ~에 둘러싸이다 |

| 10 | (a) 둥근, 동그란, 원형의 | round ( be round ) | • round (av) 둥글게, 빙빙, 둘레에, 여기저기에<br>• round (전치사) ~을 돌아(둘러), ~여기저기로 |

| 11 | (n) 둥지 | nest | • nest - nested (v) 둥지를 틀다(make a nest) |

| 12 | (av) 뒤에서, 뒷면에서 | from the back | |

| 13 | (n) 뒷자석 | back seat, rear seat | • front seat : 앞 좌석 |

| 14 | (v) 듣다, 들리다 | hear - heard - heard | • hear + O + 동사원형, 분사 : O가 ~하는 것을 듣다 |

| 15 | (v) 듣다 | listen - listened to ~ | hear은 의식하지 않아도 들리는 소리를 듣는 것이고 listen to ~는 주의해서 또는 의식적으로 듣는다는 뜻입니다. |

1. What <u>should</u> you <u>do</u> first to realize your dream to become a writer?
- 작가가 되겠다는 네 꿈을 실현하려면 뭐부터 해야 할까?

2. How <u>can</u> you <u>decide</u> to marry a man you have met only twice?
- 어떻게 두 번밖에 만나지 않은 남자와 결혼하기로 마음먹을 수 있지?

3. I <u>don't like</u> a thick blanket. I want thinner one.
- 난 두꺼운 이불은 싫어. 더 얇은 이불을 원해.

4. When we <u>got</u> back to the kitchen, her cat <u>was tasting</u> the meat I <u>put</u> on the table.
- 우리가 부엌으로 돌아왔을 때, 그녀의 고양이는 내가 테이블에 놓아둔 고기를 맛보고 있었다.

5. You <u>should be able to try</u> whatever you <u>want</u> to do without fear of failure.
- 당신은 실패에 대한 두려움 없이 당신이 하고 싶은 어떤 것도 시도해 볼 수 있어야 합니다.

6. I <u>hesitated</u> at the door, fearful that he <u>would ask</u> me the reason I <u>had failed</u>.
- 난 그가 내가 실패한 이유를 추궁할 것이 두려워 문 앞에서 망설였다.

• hesitate - d
망설이다, 주저하다

7. The next morning, I <u>woke up</u> with a terrible headache.
- 다음 날 아침 난 끔찍한 두통과 함께 잠에서 깨었다.

8. While others <u>were</u> still in the bed, I <u>went</u> out to look around the town.
- 다른 애들이 여전히 자고 있을 때, 난 그 마을을 돌아보려고 밖으로 나갔다.

9. His house <u>was surrounded</u> by beautiful plants and flowers.
- 그의 집은 아름다운 식물과 꽃으로 둘러싸여 있었다.

10. <u>Let's live</u> round in this round world.
- 둥근 세상 둥글게 살아가자.

11. We <u>sat</u> there, watching swallows build their nest with mud and straws.
- 우린 제비들이 진흙과 짚으로 둥지를 만드는 걸 지켜보면서 거기 앉아 있었지.

12. Sometimes I <u>feel</u> a severe ache from the back of my neck.
- 가끔 목 뒤쪽에서부터 심한 통증을 느껴요.

13. When we <u>took</u> a long trip, the back seat <u>was</u> our playground and bed.
- 우리가 장거리 여행을 할 때면, 뒷좌석은 우리의 놀이터고 침대였지.

14. And we <u>loved</u> falling asleep, hearing my mom and dad talk about us.
- 그리고 우린 엄마 아빠가 우리 이야길 하는 걸 들으며 잠드는 게 좋았고.

15. After all of us <u>became</u> silent, my dad alone <u>listened to</u> Gwhangseok's songs.
- 우리가 모두 조용해지고 나면, 아빠는 혼자서 김광석 노래를 들었어.

| 1 | (v) 들다, 잡고 있다, 유지하다, 가지고 있다 | hold - held - held | • **hold on** : 기다려 |
|---|---|---|---|
| 2 | (a) 들뜬, 흥분한, 신난 | excited ( be excited ) | • **excite - excited** (v) 흥분시키다, 들뜨게 하다<br>• **exciting** (a) 신나는, 흥분시키는, 재미있는<br>• **excitement** (n) 흥분, 신남 |
| 3 | (v) (~에 잠시) 들르다 | stop by ~ - stopped by ~, drop by ~ - dropped by ~ | |
| 4 | (v) (~하게) 들리다, ~인 것 같다 | sound - sounded | • **sound** (n) 소리, 음, 음향<br>• **sound** (a) 건강한, 건전한 |
| 5 | (v) (~에) 들어가다, 입력하다 | enter - entered | enter는 타동사로 '~에 들어가다'라는 의미일 때도 전치사 (in, into)를 사용하지 않습니다. come in ~, go in ~, get in ~'은 자동사로 전치사가 필요하지요. |
| 6 | (v) (~을) 들여다보다, 조사하다 | look - looked into ~ | |
| 7 | (v) 들키다, 잡히다 | be/get caught | • **catch - caught - caught** (v) 잡다, 붙들다, 발견하다 |
| 8 | (av) 등 뒤에서, 뒤에서 | behind one's back | |
| 9 | (a) 따뜻한, 따스한, 온화한 | warm ( be warm ) | • **warm - warmed** (v) 따뜻하게 하다 |
| 10 | (v) 따르다, 따라가다(오다), 이해하다 | follow - followed | • **following** (a) 따라오는, 다음의 |
| 11 | (n) 땅콩 | peanut | |
| 12 | (v) 떠나다, 남기다, 내버려 두다 | leave - left - left | • **leave + O +** 형용사, 분사 : O를 ~한 채로 내버려 두다<br>• **leave + O + O** : O에게 O를 남겨주다 |
| 13 | (v) 뜨다, 떠가다, 띄우다 | float - floated | • **float on water / in the air** : 물에 뜨다/공중에 뜨다 |
| 14 | (n) 레벨, 정도, 수준, 단계 | level | • **level - leveled** (v) 평평하게(고르게) 하다<br>• **level** (a) 평평한, 고른, 대등한, 동점인 |
| 15 | (n) 레이더, 전파탐지기 | radar | • **radar screen** : 레이더망 |

**1** I **was holding** the umbrella while she **was taking** pictures of the flowers.

- 난 그녀가 꽃을 찍는 동안 우산을 들고 있었다.

**2** The boy **came** back excited and **started** to talk about what he had seen there.

- 소년은 흥분한 채로 돌아와서는 그가 본 것에 관해 이야기하기 시작했다.

**3** I **will stop by** the pharmacy for medicine on my way home.

- 집에 가는 길에 약 사러 약국에 들를게.

• pharmacy
약국

**4** He **sounded** excited on the phone. His voice **was** a little trembling.

- 그는 전화로 흥분한 것 같았어. 목소리가 약간 떨리고 있더라고.

**5** I **can't enter** the army. There **is** no one to care for my grandma.

- 난 군대 못가. 할머니를 돌봐줄 사람이 없어.

**6** We **want** you to promise to look into the case again.

- 당신이 그 사건을 다시 조사하겠다고 약속해 주셨으면 해요.

• case
사건

**7** I also **have been caught** smoking several times in high school.

- 나도 고등학교 때 몇 번 담배 피우다 걸렸었어.

**8** I **am** not so different from you. I also **talk** badly about others behind their back.

- 나도 너랑 그렇게 다르지 않아. 나 역시 등 뒤에서 다른 사람들 흉도 보고 그래.

**9** It **was freezing** outside, but in the house they **looked** warm and happy.

- 밖의 날씨는 살을 에는 듯 추웠지만, 그 집 안에서 모두 따뜻하고 행복해 보였다.

**10** Even at school, the boy **was worried** if his cute puppy **would follow** a stranger.

- 심지어 학교에서도, 그 소년은 그의 귀여운 강아지가 낯선 사람을 따라가지나 않을까 걱정스러웠다.

**11** All of my family **shelled** the peanuts that my uncle sent us from Dangjin.

- 가족 모두가 삼촌이 당진에서 우리한테 보내주신 땅콩 껍질을 깠다.

• shell - shelled
껍질을 까다

**12** My grandma **is** unwell these days, so we **can't leave** her alone at home.

- 할머니께서는 요즘 몸이 편치 않으셔서, 집에 할머니를 혼자 둘 수 없어.

• unwell
(a) 몸이 편찮은
• well
(a) 건강이 좋은

**13** Some kids **were playing** at the side of the stream, floating paper boats.

- 아이들 몇몇이 종이배를 띄우면서 개울가에서 놓고 있었다.

**14** So **do** you **mean** it **is** not a level I **can reach** even if I **try** my best?

- 그래서 네 말은 그게 내가 최선을 다하더라도 닿을 수 없는 수준이라는 거야?

**15** The radar **received** strange signals that aliens **might send**.

- 그 레이더는 외계인들이 보냈을지도 모를 이상한 신호를 잡았다.

| 1 | (n) 로션 | lotion | • apply, put on lotion : 로션을 바르다 |
| 2 | (n) 리모컨, 원격 조종 | remote control | • remote control plane : 원격 조종 비행기<br>• remote (a) 먼, 원격의 |
| 3 | (n) 리스트, 목록, 명단 | list | • list - listed (v) 리스트를 만들다(make a list)<br>• be on the list : 목록에 있다 |
| 4 | (n) 마귀할멈, 마녀 | witch | • witch-hunt : 마녀사냥 |
| 5 | (v) 마스터하다, 숙달(정복)하다 | master - mastered | • master (n) 주인, 달인, 명인 |
| 6 | (v) 마시다, 술 마시다 | drink- drank- drunk | • drink (n) 음료(마실 것), 술(alcoholic drink)<br>• drunk, drunken (a) 술 취한 |
| 7 | (n) 마음, 정신 | mind, heart | mind, heart는 '마음, 정신'을 뜻하며 heart는 '심장, 가슴, 핵심'의 뜻도 있지요. |
| 8 | (v) 마주하다, 직면하다, 대면하다 | face - faced | • face (n) 얼굴, 표정<br>• face to face : 얼굴을 마주하고 |
| 9 | (v) 막다, 방어하다, 수비하다 | defend - defended | • defense (n) 방어, 수비 |
| 10 | (v) (~로) 만들어지다 | be made of ~ | |
| 11 | (v) (~에) 만족하다, 흡족하다 | be satisfied with ~ | • satisfy - satisfied (v) 만족시키다, 충족시키다 |
| 12 | (v) (~을) 만지작거리다, 가지고 놀다 | fiddle - fiddled with ~ | |
| 13 | (n) 만화 | cartoon, comic (book) | cartoon은 보통 신문이나 잡지 등에 있는 만화 그림을 뜻합니다. comic 또는 comic book은 우리가 보통 말하는 스토리가 있는 만화나 만화책을 뜻하지요. |
| 14 | (n) 말, 단어, 낱말 | word, words | |
| 15 | (a) 말도 안 되는, 터무니없는, 웃기는 | ridiculous ( be ridiculous ) | |

**1** It's good to apply moisturizing lotion after a shower, especially in dry season.
- 특히 건조한 계절에는, 샤워 후에 보습로션을 발라주는 게 좋아.

• moisturize-d
촉촉하게 하다

**2** My mom left the remote control in the refrigerator and hunted the house for it.
- 엄마는 리모컨을 냉장고에 두고는 그걸 찾느라 집안을 뒤지셨다.

• hunt-hunted
사냥하다, 찾다, 뒤지다

**3** Make a list of all the things you want to do before you die.
- 죽기 전에 네가 해보고 싶은 모든 것의 리스트를 만들어 봐.

**4** He said "This is a typical witch-hunt, and the press is the head of the hunters."
- 그가 말했다 "이건 전형적인 마녀사냥이고 언론은 사냥꾼들의 대장입니다."

• typical
전형적인

**5** It must be a good chance to master the ukulele during the vacation.
- 분명 방학 동안 우쿨렐레를 마스터할 좋은 기회가 될 거예요.

**6** I opened the refrigerator in a sweat, but there was nothing to drink.
- 나는 땀을 흘리며 냉장고를 열었지만, 마실 게 아무것도 없었다.

**7** It is your mind that creates everything. Without mind, nothing can exist.
- 모든 것을 창조하는 것은 바로 당신의 마음입니다. 마음 없이는 아무것도 존재하지 못하지요.

**8** Think like this, "What I am facing now is the biggest challenge in my life".
- 이렇게 생각해 봐, "내가 지금 직면하고 있는 것은 내 인생에 가장 큰 도전이다"라고.

**9** They were too upset. I couldn't even get a chance to defend myself.
- 게네들은 너무 화가 나 있었어. 난 나 자신을 방어할 기회조차 얻지 못했어.

**10** What is it made of? This is made of oak, so it is a little more expensive.
- 이건 뭐로 만들어졌나요? 이건 참나무로 만들어 졌고 그래서 조금 더 비싸요.

**11** I've never seen you look satisfied with what I have done.
- 난 네가 내가 한 것에 만족해하는 걸 본 적이 없어.

**12** She was nervously fiddling with her phone while talking with me.
- 그녀는 나랑 이야기하는 내내 폰을 초조하게 만지작거렸어요.

**13** What does the word 'Webtoon' mean? It means the cartoon on the web.
- '웹툰'이라는 말이 무슨 뜻이야? 웹에 있는 만화를 뜻하지요.

**14** Is still there no word from her?
- 그녀에게선 여태 아무 말도 없어?

**15** Everyone had thought his ideas ridiculous, but now they became reality.
- 모두 그의 아이디어가 터무니없다고 생각했었지만, 지금은 현실이 되었잖아.

| 1 | (v) 말다툼하다, 다투다 | quarrel - quarrelled | • quarrel (n) 말다툼, 다툼 |
| 2 | (v) 말다툼하다, 주장하다 | argue - argued | • argument (n) 말다툼, 다툼, 주장 |
| 3 | (v) 말대꾸(말대답)하다 | talk back - talked back | • talk back to ~ : ~에게 말대꾸(말대답)하다 |
| 4 | (v) 말리다, 막다 | stop - stopped | • stop + O + (from) ~ing : O가 ~못하게 말리다<br>• prevent + O + (from) ~ing : O가 ~못하게 막다 |
| 5 | (n) 말벌 | wasp | • wasp sting : 말벌의 침<br>• digger wasp : 땅벌<br>• bumblebee : 호박벌 |
| 6 | (v) 말썽 피우다 | make(cause) trouble | • troublemaker (n) 말썽꾸러기 |
| 7 | (v) 말을 가려 하다, 말을 고르다 | choose - chose - chosen words | |
| 8 | (a) 말 없는, 조용한, 고요한 | quiet, silent ( be quiet, be silent ) | • quiet (n) 고요, 조용함<br>• silence (n) 고요, 조용함, 침묵 |
| 9 | (v) 말하다, ~라고 하다 | say - said - said | say는 타동사고 talk, speak는 자동사입니다. 따라서 say는 바로 목적어(~을/를)를 사용할 수 있고 talk, speak 뒤에는 전치사 about가 필요합니다. |
| 10 | (a) 맑은, 깨끗한 | clean, clear ( be clean, be clear ) | clean은 먼지나 얼룩 등이 없어 깨끗하다는 뜻이고 clear는 깨끗하고 투명하다는 뜻이며 '분명한, 확실한'의 의미도 있습니다. |
| 11 | (v) 맛보다, 맛이 ~하다 | taste - tasted | • taste (n) 맛, 입맛, 취향<br>• tasty (a) 맛있는 |
| 12 | (v) 망설이다, 주저하다 | hesitate - hesitated | • hesitate to do : ~하길 망설이다<br>• hesitation (n) 망설임, 주저 |
| 13 | (v) 망치다, 못 쓰게 만들다 | spoil - spoiled | |
| 14 | (v) 망치다, 파멸(파괴)시키다 | ruin - ruined | • ruin (n) 파괴, 붕괴 / ruins 유적, 폐허 |
| 15 | (v) 맞다 | be hit, be stuck / be beaten | be beaten은 be hit, be struck과 다르게 '아주 세게 여러 대 맞다'라는 뜻입니다. |

**1** Young couples <u>are likely to quarrel</u> over little things.

- 젊은 연인들은 별것도 아닌 일로 말다툼하기 마련이지.

**2** My sister and I also <u>used to argue</u> over which TV programme to watch.

- 언니와 나도 무슨 프로를 볼지에 대해 말다툼하곤 했어.

**3** You <u>are</u> the first one who <u>has ever talked</u> back to the boss.

- 네가 사장님한테 말대꾸 한 첫 번째 사람이야.

**4** I said to my husband "<u>Do</u> something to stop them from quarrelling".

- 내가 신랑한테 말했지 "쟤 내들 말싸움 못 하게 뭔가 좀 해 봐요".

**5** "<u>Float</u> like a butterfly, <u>sting</u> like a wasp."

- "나비처럼 날아올라, 벌처럼 쏴라."

• sting-stung
쏘다, 찌르다

**6** Take it easy. Kids grow up, making troubles.

- 진정해. 애들은 말썽도 부리면서 크는 거야.

**7** She <u>seems</u> to choose words considering the difference in nuance.

- 그녀는 어감의 차이를 고려하면서 말을 가려 하는 것 같다.

• nuance
뉘앙스, 미묘한 차이,
어감

**8** In the coffee shop, we <u>found</u> a quiet corner where we <u>could talk</u>.

- 커피숍에서, 우린 우리가 이야기할 만한 조용한 구석을 찾았다.

**9** While other people <u>were laughing</u> and <u>talking</u>, Mr, Lee <u>remained</u> silent.

- 다른 사람들이 웃고 이야기 하는 동안, 이 씨는 조용히 있었다.

**10** She always <u>keeps</u> the house so clean that sometimes I <u>feel</u> uncomfortable.

- 그녀는 늘 집을 너무 깨끗하게 유지해서 나는 가끔 불편해.

**11** On a clear day, we <u>can see</u> the island from here with the naked eye.

- 맑은 날에는, 맨눈으로 여기서 그 섬을 볼 수도 있어요.

**12** I <u>stood</u> at the door for a while, hesitating to get in or not.

- 난 들어갈지 말지 망설이며 잠시 동안 문 앞에 서 있었다.

**13** The sauce I <u>bought</u> <u>spoiled</u> the taste of the meat.

- 내가 산 소스가 고기 맛을 망쳐버렸어.

**14** How <u>could</u> I <u>know</u> the decision <u>would ruin</u> my life?

- 그 결정이 내 삶을 파멸시킬 거라는 걸 내가 어찌 알았겠나?

**15** I <u>will be beaten</u> to death by my mom if I <u>go</u> home now.

- 지금 집에 가면 엄마한테 맞아 죽을 거야.

| 1 | (v) (~에) 맞서다, 저항하다 | stand up to ~ - stood up to ~ | • stand against ~ (v) ~에 맞서다, 저항하다 |
| 2 | (n) 매 | hawk | • eagle (n) 독수리 |
| 3 | (a) 매서운, 격렬한, 쓰라린, (맛이) 쓴 | bitter | • bitter wind / cold : 매서운 바람 / 혹독한 추위<br>• bitter memories : 쓰라린 기억 |
| 4 | (a) 매운 | spicy, hot ( be spicy, be hot ) | |
| 5 | (n) 맨 아래, 바닥 | bottom | • bottom (a) 맨 아래의, 바닥의 |
| 6 | (v) 머무르다 / (~인 상태로) 있다 | stay - stayed | remain, stay, keep은 2형식 동사로 사용되면 '~한 상태로 있다'는 뜻으로 상태의 유지를 표현합니다. |
| 7 | (v) 먹어치우다, 침식(부식)시키다 | eat away - ate away - eaten away | • eat away at ~ : ~을 갉아먹다, 좀먹다 |
| 8 | (n) 먹이, 먹잇감, 희생자 | prey | |
| 9 | (a) 먼 | distant, far ( be distant, be far ) | • distance (n) 먼 곳, 거리<br>• in the distance (av) 멀리서, 멀리 |
| 10 | (n) 먼지, 티끌 | dust | • dusty (a) 먼지투성이의 |
| 11 | (v) 멀다 | be far, be distant | • far - farther - farthest (a) 먼 – 더 먼 – 가장 먼 |
| 12 | (v) 멈추다, 그만두다 | stop - stopped, quit - quit - quit | • stop, quit ~ing : ~하는 것을 멈추다 |
| 13 | (a) 멋진, 훌륭한, 대단한 | wonderful, nice, cool ( be wonderful, be nice, be cool ) | |
| 14 | (a) 멍청한 | stupid, foolish ( be stupid, be foolish ) | |
| 15 | (n) 메시지 | message | • send a text message : 문자 메시지를 보내다<br>• leave a message : 메시지를 남기다 |

**1** I <u>don't have</u> the nerve or ability to stand up to him.

- 난 그에게 맞설 용기도 능력도 없다.

• nerve
신경, 긴장, 용기

**2** There <u>was</u> a hawk at the top of the pole.

- 전봇대 꼭대기에 매 한 마리가 있었다.

**3** <u>Don't</u> you <u>know</u> the proverb which says "Good medicine <u>is</u> bitter in the mouth"?

- "좋은 약이 입에는 쓰다"는 속담 몰라?

• proverb
속담

**4** <u>Would</u> you <u>tell</u> the chef to make it a little less spicy?

- 주방장에게 그걸 조금만 덜 맵게 만들어 달라고 말씀해 주시겠어요?

**5** I <u>had</u> always <u>been</u> the bottom of the class before he <u>transferred</u> to our school.

- 난 그가 우리 학교로 전학 오기 전에는 늘 반에서 꼴찌였다.

**6** The guest house we <u>stayed</u> in <u>was</u> at the foot of the mountain.

- 우리가 머물렀던 게스트하우스는 그 산자락에 있었다.

**7** Loneliness <u>is</u> like a virus that <u>eats</u> away at our soul.

- 외로움은 우리의 영혼을 갉아먹는 바이러스와 같아요.

**8** Those runaway teenagers <u>are likely to become</u> easy prey to them.

- 이런 가출 청소년들은 그들에게 손쉬운 먹잇감이 되기 쉽습니다.

• runaway
달아난, 가출한

**9** As you <u>know</u>, space travel <u>is</u> not a story in a distant future now.

- 너도 알다시피, 우주여행은 이제 먼 미래의 이야기가 아니야.

**10** By the time we <u>arrived</u>, the song 'Dust in the wind' <u>was flowing</u> from the radio.

- 우리가 도착할 때쯤, 그 곡 '더스트 인 더 윈드'가 라디오에서 흘러나오고 있었다.

**11** I <u>wished</u> that it <u>was</u> far enough so I <u>could walk</u> and <u>talk</u> with her more.

- 난 그게 충분히 멀어서 내가 그녀와 좀 더 걷고 이야기할 수 있었으면 했지.

**12** We <u>can't stop</u> thinking just for a minute. It <u>is</u> like endless waves.

- 우린 잠시동안 만이라도 생각하는 것을 멈출 수가 없지요. 그건 마치 끝없는 파도와 같아요.

**13** If we <u>can get</u> together there, it <u>will be</u> wonderful. Won't it?

- 우리가 거기서 함께할 수 있다면, 멋질 거야. 안 그래?

**14** Sometimes she <u>was</u> naive enough to seem to be stupid.

- 가끔 그녀는 멍청해 보일 만큼 순진했다.

• naive
순진한

**15** I <u>deleted</u> his messages without reading them.

- 난 그 남자의 메시지들을 읽지도 않고 삭제해 버렸다.

| 1 | (v) 명령(지시)하다, 주문하다 | order - ordered | • **order** (n) 명령, 지시, 주문 / 순서, 질서, 정돈<br>• **order + O + to do** : O에게 ~하라고 명령(지시)하다 |
| 2 | (n) 모기 | mosquito | • **mosquito bite** : 모기 물린 곳 |
| 3 | (v) 모니터하다, 감시하다 | monitor - monitored | • **monitor** (n) 화면, 모니터(감시 장치), 반장 |
| 4 | (n) 모래성 | sandcastle | • **sand** (n) 모래 |
| 5 | (v) 모욕하다, 욕보이다 | insult - insulted | • **insult** (a) 모욕, 모욕적인 말(행동) |
| 6 | (v) 모이다, 모으다 | gather - gathered | 영어에는 gather처럼 자동사 또는 타동사로 사용할 수 있는 동사들이 많이 있습니다. |
| 7 | (n) 목격자, 증인 | witness | • **witness - witnessed** (v) 목격하다 |
| 8 | (a) 목마른, 갈증 나는 | thirsty ( be thirsty ) | • **thirst** (n) 갈증, 목마름<br>• **thirsty for ~** : ~에 목마르다, ~를 갈망하다 |
| 9 | (n) 목소리, 음성 / 소리 / 발언권 | voice | • **voice phishing** : 보이스피싱<br>• **the voice of the people** : 민중의 소리(민심)<br>• **have a voice in ~** : ~에 발언권이 있다 |
| 10 | (n) 목숨, 생명, 삶, 인생 | life ( lives ) | • **living** (n) 생활, 생활비, 생계 수단 (a) 살아 있는 |
| 11 | (n) 목욕탕, 공중목욕탕 | public bath | |
| 12 | (n) 목표, 목적 | goal, aim, target, object | |
| 13 | (v) 몰려들다, 가득 메우다 | crowd - crowded | • **crowd** (n) 군중, 많은 사람<br>• **crowded** (a) 복잡한, 붐비는 |
| 14 | (v) 몰아(밀어)붙이다, 강요하다 | push - pushed, force - forced | • **push, force + O + to do**<br>: O가 ~하도록 몰아붙이다, 강요하다 |
| 15 | (n) 몸매, 모습, 모양 / 인물 / 숫자 | figure | • **figure - figured** (v) 중요하다 / 생각(판단)하다 |

**1** It's not late now. <u>Tell</u> us who <u>ordered</u> you to cover up the incident.
- 지금도 늦지 않았다. 누가 네게 사건을 은폐하라고 지시했는지 우리한테 털어놔라.

**2** The boy <u>left</u> the mosquito sucking up his blood and flying away.
- 소년은 모기가 피를 빨아먹고 날아가도록 내버려 두었다.

**3** The government <u>is monitoring</u> the situation closely.
- 정부는 상황을 면밀히 감시하고 있습니다.

**4** Few <u>knew</u> that the situation <u>was being monitored</u> closely by the government.
- 상황이 정부에 의해 자세히 모니터되고 있다는 것을 아는 사람은 거의 없었다.

**5** <u>Do</u> you <u>remember</u> the time when we built sandcastles here?
- 우리가 여기서 모래성을 쌓던 때를 기억하나요?

**6** On arriving there, we <u>gathered</u> firewood to make a campfire.
- 그곳에 도착하자마자, 우리는 모닥불을 피우려고 장작을 모았다.

**7** By the time when the trial <u>was about to finish</u>, a new witness <u>appeared</u>.
- 그 재판이 막 끝나려 할 때쯤, 새로운 증인이 나타났어.

**8** As night <u>came</u>, he <u>began</u> to feel thirsty for fresh blood.
- 밤이 오자, 그는 신선한 피에 목말라하기 시작했다.

**9** Here <u>are</u> several simple but useful tips on how to avoid voice fishing.
- 보이스피싱을 피하는 몇 가지 간단하면서도 유용한 팁이 있지요.

**10** My mom <u>told</u> me that my grandma <u>spent</u> her life sacrificing for her children.
- 엄마는 할머니께서는 아이들을 위해 희생하면서 인생을 보내셨다고 내게 말해주었지.

**11** I <u>used to bring</u> my sons to the public bath at least once in a week.
- 적어도 일주일에 한 번은 아들들을 목욕탕에 데려가곤 했어.

**12** Your goal as a teacher <u>should not be</u> only to teach students knowledge.
- 선생님으로서의 당신의 목표는 단지 학생들에게 지식을 가르치는 것만이어서는 안됩니다.

**13** <u>Did</u> they indeed <u>feel</u> some fear, watching the people crowded with candles?
- 촛불을 들고 모여든 국민들을 지켜보면서, 그들은 과연 두려움을 느꼈을까?

**14** However, the reality <u>is</u> always <u>pushing</u> me to focus on my living.
- 하지만, 현실은 늘 내가 생계에 집중하도록 강요하고 있어요.

**15** The figure on the 50,000 won bill <u>is</u> Shin saim-dang, who <u>was</u> the mother of Yi I.
- 오만원권 지폐에 있는 인물은 이이의 어머니이신 신사임당이다.

| 1 | (a) 못생긴, 흉한, 추한, 불쾌한 | **ugly ( be ugly )** | |
| 2 | (v) 묘사하다, 말(서술)하다 | **describe - described** | • **description** (n) 묘사, 서술 |
| 3 | (a) 무거운, 육중한, (정도가) 심한 | **heavy ( be heavy )** | • **heavy rain / snow** : 폭우/폭설<br>• **heavy metal** : 중금속 |
| 4 | (n) 무관심, 냉담 | **indifference** | • **indifferent** (a) 무관심한, 냉담한 |
| 5 | (a) 무더운, 후텁지근한 | **sultry, humid ( be sultry, be humid )** | |
| 6 | (av) 무료로, 공짜로 | **for free** | |
| 7 | (v) 무리 짓다, 떼를 짓다 | **flock together** | • **flock - flocked** (v) 무리 짓다, 떼 짓다<br>• **flock** (n) 무리, 떼<br>• **Birds of a feather flock together** : 유유상종 |
| 8 | (v) 무서워하다, 두려워하다 | **be afraid/scared of ~** | • **afraid, scared** (a) 무서워하는, 겁내는, 겁먹은 |
| 9 | (v) 무시하다, 모르는 체하다 | **ignore - ignored** | |
| 10 | (n) 무식, 무지 | **ignorance** | • **ignorant** (a) 무식한, 무지한 |
| 11 | (a) 무한한, 한계가 없는 | **limitless ( be limitless )** | • **limit** (n) 한계, 제한<br>• **limited** (a) 제한된, 한정된 |
| 12 | (v) 묶다, 매다 | **tie - tied** | • **tie** (n) 넥타이(necktie), 끈 / 인연, 관계 / 동점<br>• **untie - untied** (v) 풀다, 끄르다 |
| 13 | (n) 문방구(가게), 문구점 | **stationery store** | • **stationery** (n) 문구류, 문방구 |
| 14 | (n) 문장 | **sentence** | • **phrase** (n) 구<br>• **clause** (n) 절 |
| 15 | (n) (해결해야 할) 문제 | **matter, problem** | 시험문제의 뜻일 때는 **problem, question**을 사용합니다. |

1. I **want** to be free from ugly emotions such as hate and anger.
   - 증오와 분노 같은 추한 감정들로부터 자유롭고 싶어요.

2. **Let's ask** the witness to describe the man she **saw** there in more detail.
   - 목격자에게 그녀가 거기서 본 남자를 조금 더 자세히 묘사해 달라고 부탁해 보자.

   • in detail
   자세히

3. There **is** no one who **can win** the heavy eyelids in this world.
   - 이 세상에 무거운 눈꺼풀을 이길 수 있는 사람은 없어.

4. Whether they **agree** or not **is** a matter of indifference to me.
   - 그들이 동의하느냐 마느냐는 나한테는 관심 없는 문제다.

5. It **was** in the sultry elevator that we **met** for the first time.
   - 우리가 처음 만난 건 다름 아닌 후텁지근한 엘리베이터에서였지.

6. In Korea, the elderly over 65 **are able to use** the subway for free.
   - 한국에서 65세 이상 어르신들은 무료로 지하철을 이용하실 수 있습니다.

7. I **love** the beautiful views of birds that **flock** together by the lake.
   - 호숫가에 무리 짓는 새들의 아름다운 풍경이 좋아.

8. There **is** no reason to be afraid of death. It **is** just another form of life.
   - 죽음을 두려워할 필요는 없어요. 죽음이란 생명의 또 다른 형태일 뿐이지요.

9. I **feel** ashamed I **became** so angry thinking most of them ignored me.
   - 난 그들 대부분이 날 무시한다고 생각해서 그렇게 화를 냈던 게 부끄러워.

10. His ignorance of the gravity of the situation **made** me feel hopeless.
    - 사태의 심각성에 대한 그의 무지는 나에게 절망감을 느끼게 했다.

    • gravity
    중력 / 심각성

11. First, you **need** to believe in your almost limitless potential.
    - 먼저, 너의 거의 무한한 잠재력을 믿을 필요가 있지.

    • potential
    가능성, 잠재력

12. I **bent** down to tie my shoestring, and things **fell** out of my bag.
    - 신발 끈을 묶으려고 허리를 굽혔는데, 물건들이 가방에서 쏟아졌다.

13. I accidentally **met** my high school classmate at the stationery store.
    - 문방구에서 고등학교 반친구를 우연히 만났지 뭐야.

14. There **are** always mysterious charms in her sentences.
    - 그녀의 문장들 속에는 늘 신비한 매력이 있지요.

15. I **felt** it **was** only a matter of time before they **broke** up.
    - 난 게네들이 헤어지는 건 시간문제라는 느낌이 들었어.

    • break - broke up
    헤어지다

| 1 | (v) 문제가 되다, 중요하다 | matter - mattered | • It matters ~ : ~은 문제가 된다<br>• It doesn't matter ~ : ~은 문제가 되지 않는다 |
|---|---|---|---|
| 2 | (v) 문지르다, 비비다 | rub - rubbed | |
| 3 | (v) 물다, 깨물다 | bite - bit - bitten | • bite (n) 물기, 한 입(a bite of the apple) |
| 4 | (n) 물체, 물건 / 목적(어) | object | • object - objected (v) 반대하다<br>• objective (a) 객관적인 (n) 목적, 목표 |
| 5 | (n) 미래, 장래 | future | • in the future : 미래에, 장차<br>• the present, the past, the future : 현재, 과거, 미래 |
| 6 | (av) 미리, 사전에 | in advance, beforhand | • advance (n) 전진, 진행, 진보<br>• advance - d (v) 전진하다, 나아가다 |
| 7 | (v) 미소 짓다, 웃다 | smile - smiled | • smile (n) 미소, 웃음<br>• smile to oneself : 혼자 웃다 |
| 8 | (v) 미안하다, 유감이다, 안타깝다 | be sorry | • sorry (a) 미안한, 유감스러운, 안타까운, 딱한<br>• be sorry to do : ~해서 유감이다, 안됐다 |
| 9 | (n) 미열 | mild fever | • mild (a) 심하지 않은, 가벼운, 온화한<br>• fever (n) 열, 열병 / 흥분, 열광 |
| 10 | (n) 미용사 | hair dresser | • beauty parlor(salon), hairdresser's : 미장원<br>• barber : 이발사 • barbershop, barber's : 이발소 |
| 11 | (v) 미워하다, 싫어하다 | hate - hated | • hate (n) 증오, 싫은 사람, 싫은 것<br>• hate to do / ~ing : ~하는 것을 싫어하다, ~하기 싫다 |
| 12 | (v) 미치다, 미쳐가다 | go mad/crazy | |
| 13 | (v) 믿다, ~라고 생각하다 | believe - believed | • belief (n) 믿음, 신념<br>• believe in ~ : ~의 존재, 인품, 능력을 믿다, 신뢰하다 |
| 14 | (v) 밀다, 밀어붙이다, 누르다 | push - pushed | • push + O + to do : O에게 ~하라고 몰아붙이다 |

**1** Will it matter if I don't attend the meeting tomorrow?
- 제가 내일 모임에 참석하지 않으면 문제가 될까요?

**2** While peeling garlic with mom, I unconsciously rubbed my eyes with my hand.
- 엄마랑 마늘을 까다가, 무심결에 손으로 눈을 비벼버렸어.

• unconsciously
무의식적으로, 무심결에

**3** If your dog bites someone, you should take all the responsibility.
- 당신 개가 누군가를 물으면, 당신이 모든 책임을 져야 해요.

• responsibility
책임, 책임감

**4** The first object to which my eyes were drawn was an old wooden stool.
- 내 눈길이 끌린 첫 번째 물건은 낡은 나무 스툴이었다.

**5** What should we do for our future generations?
- 우리의 미래 세대들을 위해 무엇을 해야 하는가?

**6** I should tell you in advance that I will object if I have to do.
- 미리 말해 두는데 난 해야 한다면 반대할 거다.

**7** How often do you smile warmly to your kids?
- 아이들에게 얼마나 자주 따뜻하게 미소를 지어주시나요?

**8** Listening to her, I was sorry for what I had done without considering others.
- 그녀의 이야기를 들으면서, 난 남들을 배려하지 않고 했던 일이 미안했다.

• consider - ed
배려(고려)하다, 여기다

**9** "You might have a mild fever after getting this flu shot." she said, smiling.
- "이 독감 주사를 맞고 나서 미열이 있을 수 있어요." 그녀가 웃으며 말했다.

**10** As a man, I don't know why young girls have a dream of becoming a hairdresser.
- 남자인 나로서는, 어린 여자아이들이 미용사가 되는 꿈을 갖는 이유를 모르겠어.

**11** All parents hate to see their children unhappy, and I am also one of them.
- 모든 부모는 아이들이 불행한 걸 보고 싶어 하지 않아. 그리고 나도 그런 부모 중 하나야.

**12** If I stay here with them any longer, I am sure I will go mad. Let me go first.
- 쟤네들하고 더 오래 여기 있으면, 난 분명 미쳐버릴 거야. 나 먼저 갈게.

**13** After that, I believe whatever she says.
- 그 후로, 난 그녀가 말하는 것은 무엇이든 믿어.

**14** He was a kind of teacher who pushed his students to the limit.
- 그는 학생들을 한계까지 밀어붙이는 그런 선생님이셨지.

**15** I have been pushing my husband to quit smoking since we got married.
- 난 우리가 결혼했을 때부터 신랑한테 담배 끊으라고 몰아붙이고 있어.

| 1 | (v) 바라다, 원하다, 기원하다 | wish - wished | • **wish to do** : ~하고 싶다<br>• **wish + O + to do** : O가 ~하길 바라다<br>• **wish** (n) 바람, 기원, 소원, 소망 |
| 2 | (v) 바라보다, 쳐다보다, 살펴보다 | look at ~ - looked at ~ | see, look at, watch는 모두 '보다'의 뜻이지요. 하지만 see는 '별생각 없이 본다'는 뜻이고 look at, watch는 '의식적으로 주의를 기울여 본다'는 뜻입니다. |
| 3 | (a) 바람 부는, 바람 같은 | windy ( be windy ) | |
| 4 | (a) 바쁜 | busy ( be busy ) | • **be busy with ~** : ~로(~하느라) 바쁘다<br>• **be busy ~ing** : ~하느라 바쁘다 |
| 5 | (n) 바위, 암석, 록 음악 | rock | • **rocky** (a) 바위투성이의, 바위로 된 |
| 6 | (n) 바지, 팬티 | pants | pants는 미국에서 바지의 뜻이고 영국에서는 팬티의 뜻입니다. 영국에서는 바지를 trousers라고 하지요. 또 underpants는 미국 영국 모두 팬티를 뜻합니다. |
| 7 | (v) 박살 내다, 힘껏 치다 | smash - smashed | |
| 8 | (av) 밖에, 밖에서, 밖으로<br>(a) 바깥쪽의, 외부의 | outside | • **outside** (전치사) ~밖에, ~밖으로, ~곁에<br>• **outside** (n) 겉, 바깥쪽 |
| 9 | (v) 반복하다, 되풀이하다 | repeat - repeated | • **repeat** (n) 재방송, 반복, 되풀이<br>• **repetition** (n) 반복하기, 되풀이하기 |
| 10 | (n) 반장 | class president, monitor | • **class vice-president** : 부반장 |
| 11 | (v) 반짝이다, 반짝거리다 | twinkle - twinkled | • **twinkle** (n) 반짝임, 빛남<br>• **in a twinkle** : 눈 깜짝할 사이에 |
| 12 | (n) 반창고 | bandaid | • **put a bandaid** : 반창고를 붙이다 |
| 13 | (v) 받다, 받아들이다 | receive - received | • **receipt** (n) 영수증<br>• **reception** (n) 맞이함, 환영(회) |
| 14 | (v) 받아들이다, 인정하다 | accept - accepted | • **acceptance** (n) 받아들임, 수락, 인정 |
| 15 | (v) 발달하다, 성장하다, 개발하다 | develop - developed | • **development** (n) 발달, 성장, 개발<br>• **developed** (a) 발달한, 선진의 |

**1** Ask yourself if you are treating others as you wish to be treated.
- 당신이 대접받고 싶은 대로 다른 이들을 대하고 있는지 자신에게 물어보세요.

**2** I already knew it was kind of destiny at the moment we looked at each other.
- 난 우리가 서로를 바라본 그 순간 이미 그것이 어떤 운명이라는 걸 알았습니다.

**3** On a windy day, we ran out to the field to fly kites.
- 바람 부는 날이면, 우린 연을 날리러 들판으로 달려나갔지.

**4** Why did you have to come to see me at the busiest time of the day?
- 야! 하필이면 하루 중 제일 바쁜 시간에 날 보러 온 거야?

**5** There are a lot of beautiful Buddha images, carved on rocks in Gyeongju Namsan.
- 경주 남산에는 바위에 조각된 아름다운 부처상이 많아요.

**6** After a while, a man wearing tight white pants and shiny shoes showed up.
- 잠시 후, 꽉 끼는 백바지와 반짝거리는 백구두를 신은 남자가 나타났다.

**7** Firemen smashed all the windows so that the smoke got out of the building.
- 소방관들은 연기가 건물 밖으로 빠져나오도록 창문을 모두 깨부수었다.

**8** Every day they get up early when it is still dark outside and start their day.
- 매일 그들은 밖이 여전히 어두울 때 일찍 일어나 하루를 시작합니다.

**9** Because humans don't change fundamentally, their history repeats itself.
- 인간이 근본적으로 변하지 않기 때문에, 역사는 반복됩니다.

• fundamental
근본적인

**10** We decided not to elect class president, instead, to take it in turns.
- 우린 반장을 뽑지 않고, 대신 번갈아 가며 하기로 했다.

• in turns
교대로, 차례로

**11** Finally, we were relieved to see the lights twinkling in the distance.
- 마침내, 우린 멀리서 반짝이는 불빛들을 보고 안도했다.

**12** Kids like to put a bandaid even when they get a very small scratch.
- 아이들은 아주 조그마한 상처라도 생길 때면 반창고를 붙이고 싶어 하지요.

**13** I received another penalty notice yesterday.
- 어제 범칙금 통지서를 또 받았다.

• penalty
벌금, 벌

**14** I think that our society is not ready to accept this kind of system yet.
- 저는 우리 사회가 아직 이런 시스템을 받아들일 준비가 되어있지 않다고 생각합니다.

**15** It is to help students develop moral senses and considerations for others.
- 그건 학생들이 도덕심과 타인에 대한 배려심을 개발하도록 돕기 위한 것입니다.

| | | |
|---|---|---|
| 1 | (v) 발견하다, 찾다 / 알게 되다 | **find - found - found** | • find + O + C : O가 C하다는 것을 알게 되다(여기다) |
| 2 | (n) 발가락, 발가락 부분 | **toe** | • **big toe, little toe** : 엄지발가락, 새끼발가락<br>• **from head to toe** : 머리부터 발끝까지 |
| 3 | (v) 발사하다, 시작, 출시하다<br>/ (배를) 진수시키다 | **launch - launched** | • **launch** (n) 개시, 발매, 발표 / 진수, 발사 |
| 4 | (n) 발표, 설명, 제출, 수여 | **presentation** | • **present - presented** (v) 발표하다, 제출, 수여하다<br>• **present** (a) 현재의 (n) 선물, 현재, 지금 |
| 5 | (v) 밝아지다, 환해지다, 반짝이다 | **brighten - brightened** | • **bright** (a) 밝은, 선명한, 똑똑한<br>• **brightly** (av) 밝게, 환하게 |
| 6 | (v) 밝혀지다, 발견되다 | **be discovered** | • **discover - discovered** (v) 밝히다, 발견하다<br>• **discovery** (n) 발견 |
| 7 | (av) 밤사이에, 하룻밤 사이에 | **overnight** | • **overnight** (a) 밤사이의, 야간의 |
| 8 | (a, av) 방과 후(에) | **after school** | • **after-school class** : 방과 후 수업 |
| 9 | (v) 방귀 뀌다 | **fart - farted** | • **fart** (n) 방귀<br>• **hold fart** : 방귀 참다 |
| 10 | (v) 방문하다, 찾아가다 | **visit - visited** | • **visit** (n) 방문, 찾아가기<br>• **visitor** (n) 방문객, 손님 |
| 11 | (n) 방법, 방식 | **way, method** | |
| 12 | (v) 방치, 소홀히 하다<br>/ 무시, 경시하다 | **neglect - neglected** | • **neglect** (n) 방치, 무시 |
| 13 | (n) 방학, 휴가 | **vacation, holiday** | • **go on vacation(holiday)** : 휴가 가다<br>• **be on vacation(holiday)** : 휴가 중이다 |
| 14 | (v) 방해하다, 어지럽히다 | **disturb - disturbed** | • **disturbance** (n) 방해, 소란 |
| 15 | (n) 방향 / 지시, 명령 | **direction** | • **direct - directed** (v) ~로 향하다 / 지시, 감독하다<br>• **direct** (a) 직접적인, 직행의<br>• **indirect** (a) 간접적인, 우회의 |

1. Finding him drunk again, she frowned and sighed deeply.
- 그가 다시 술에 취한 걸 알고는, 그녀는 얼굴을 찌푸리고 깊이 한숨을 쉬었다.

• frown - frowned
얼굴을 찌푸리다

2. She kicked the door very hard and broke her big toe.
- 그녀는 아주 세게 문을 걷어찼고 엄지발가락이 부러졌지.

3. I guess they are discussing when to launch their new model.
- 내 생각에 그들은 그들의 새 모델을 언제 출시할지 이야기하고 있는 것 같아.

4. Sorry, but I have to finish preparing the presentation tonight.
- 미안하지만, 오늘 밤에 프리젠테이션 준비를 끝내야 해.

5. A small plant will be enough to brighten up your room.
- 작은 화분 하나면 네 방을 환하게 하기에 충분할 거야.

6. We have discovered a new substance in this plant that kills cancer cells.
- 우리는 이 식물에서 암세포를 죽이는 새로운 물질을 발견했습니다.

7. She stayed beside you overnight and left just before you woke up.
- 그녀는 밤새 네 곁에 있다가 네가 깨기 바로 전에 떠났어.

8. Where did you stay after school? Why didn't you go to the institute today?
- 학교 마치고 어디 있었어? 오늘 학원은 왜 안 간 거야?

9. I tightened hard my sphincter muscles to hold my fart. But, finally...
- 난 방귀를 참으려고 괄약근을 꽉 조였다. 하지만, 결국,,,

• sphincter muscles
괄약근

10. My mother would visit the temple near my village on the first day of a month.
- 어머니께서는 매월 초하루에는 마을 가까이 있는 절에 들르시곤 하셨지요.

11. The way he looked at things was different.
- 그가 사물을 바라보는 방식은 남달랐습니다.

12. The two children were neglected in an unclean environment.
- 두 아이는 비위생적인 환경에 방치되어 있었습니다.

13. I can't remember when we last went on vacation.
- 우리가 언제 마지막으로 휴가를 갔는지 기억도 안 나.

14. I promise not to disturb you anymore if you just do it for me.
- 나한테 그것만 해 주면 더는 방해하지 않겠다고 약속하지.

15. Sometimes ask yourself if you are going in the right direction.
- 가끔은 자신에게 옳은 방향으로 가고 있는지 물어도 봐.

| | | |
|---|---|---|
| 1 | (n) 배경 | **background** |
| 2 | (v) 배고파 죽겠다 | **be starving** |
| 3 | (v) 배달하다 | **deliver - delivered** |
| 4 | (v) 배려하다, 고려하다, 여기다 | **consider - considered** |
| 5 | (v) 배신하다, 팔아먹다 | **betray - betrayed** |
| 6 | (v) 배우다, 학습하다, 알게 되다 | **learn - learned** |
| 7 | (v) 버리다, 없애다 | **throw - threw - thrown away** |
| 8 | (v) 버림받다, 유기되다 | **be abandoned** |
| 9 | (n) 번개, 번갯불 | **lightning** |
| 10 | (v) 번지다, 퍼지다, 펼치다 | **spread - spread - spread** |
| 11 | (v) 벌주다, 처벌하다 | **punish - punished** |
| 12 | (n) 범인, 범죄자 | **criminal** |
| 13 | (n) 베개 | **pillow** |
| 14 | (v) 베끼다, 복사하다, 모방하다 | **copy - copied** |
| 15 | (n) 베란다 | **veranda, porch** |

2.
- **starve - starved** (v) 굶주리다, 굶어 죽다
- **starvation** (n) 굶주림, 기아

3.
- **dilivery** (n) 배달

4.
- **consider + O + C** : O를 C로 여기다, 생각하다
- **consideration** (n) 배려, 고려
- **considerate** (a) 사려 깊은

5.
- **betrayal** (n) 배신, 배반
- **betrayer** (n) 배신자, 매국노

6.
- **learning** (n) 배움, 학습, 학식
- **learn to do** : ~하는 것(법)을 배우다

7.
- **throw** (v) 던지다

8.
- **abandon** (v) 버리다, 유기하다, 포기하다

9.
- **at/with lightning speed** : 번개같이

11.
- **punishment** (n) 벌, 처벌

12.
- **criminal** (a) 범죄의
- **crime** (n) 범죄

14.
- **copy** (n) 복사(본), 복제(물)

15. 영국에서는 **veranda**를, 미국에서는 **porch**를 사용합니다.

**1** It's important to understand people from different backgrounds.

- 다른 배경에서 온 사람들을 이해하는 것은 중요하지요.

**2** A lot of people she <u>saw</u> <u>were starving</u>, but there <u>was</u> nothing she could do.

- 그녀가 만난 많은 사람들이 죽어가고 있었지만, 그녀가 할 수 있는 것은 아무것도 없었다.

**3** When I <u>was</u> your age, I <u>delivered</u> newspapers on a bicycle at dawn.

- 내가 네 나이 때, 새벽에 자전거 타고 신문 돌렸다.

**4** Before you <u>do</u> that, you should <u>consider</u> the effect it will have on us all.

- 그걸 하기 전에 그게 우리 모두에게 가져올 영향을 고려하셔야겠지요.

**5** At first, I <u>felt</u> betrayed by them. But I <u>realized</u> that <u>was</u> from my expectation.

- 처음에, 난 그들에게 배신당했다고 느꼈어. 하지만 난 그것이 나의 기대때문이라는 걸 깨달았지.

**6** These days I <u>have been spending</u> time learning how to grow flowers at home.

- 요즘 저는 집에서 꽃을 기르는 법을 배우면서 시간을 보내고 있어요.

**7** The sea <u>has</u> also <u>been polluted</u> with all kinds of wastes we have thrown away.

- 바다 역시 우리가 버린 온갖 쓰레기들로 오염되었습니다.

• pollute - d
오염시키다

**8** How about adopting an abandoned dog instead of buying one?

- 사지 말고 유기견 한 마리를 입양하면 어떨까?

• adopt - ed
입양, 채택하다

**9** All the animals in the forest <u>may have stayed</u> awake in the thunder and lightning during the night?     - 숲속의 모든 동물은 밤 새 천둥과 번개 속에서 깨어있었겠지요.

**10** The fire <u>spread</u> through the building so quickly people <u>couldn't escape</u>.

- 불은 사람들이 탈출할 수도 없을 만큼 빠르게 건물 전체로 퍼져나갔습니다.

**11** Of course, when I <u>decided</u> to do so, I <u>was</u> ready for being punished.

- 물론, 내가 그렇게 하기로 했을 때, 난 벌 받을 각오가 되어있었다.

**12** There <u>were</u> several clues that <u>made</u> them think him the criminal.

- 그들이 그를 범인으로 생각하게 하는 몇 가지 단서가 있었지요.

• clue
단서

**13** I <u>was</u> so tired that I <u>fell</u> asleep as soon as my head hit the pillow.

- 너무 피곤해서 머리가 베개에 닿자마자 잠이 들어버렸어.

**14** <u>Copy</u> the address, and <u>send</u> it to me.

- 주소를 복사해서 나한테 보내줘.

**15** Moreover, the view we <u>saw</u> on the veranda <u>was</u> too beautiful for words.

- 게다가 우리가 베란다에서 본 경치는 말로 할 수 없이 아름다웠다.

| | | | |
|---|---|---|---|
| 1 | (n) 벽화 | **wall painting** | |
| 2 | (v) 변하다, 변화시키다, 바꾸다 | **change - changed** | • **change** (n) 변화, 변경 / 거스름돈, 잔돈 |
| 3 | (n) 별똥별, 유성 | **shooting star, falling star** | |
| 4 | (n) 별명 | **nickname** | • **nickname - nicknamed** (v) 별명을 붙이다 |
| 5 | (v) 보관되다, 유지되다 | **be kept** | • **keep - kept - kept** (v) 지키다, 보유, 보관, 간직하다 |
| 6 | (v) 보내다 | **send - sent - sent** | |
| 7 | (v) 보다 / 알다, 이해하다 | **see - saw - seen** | • **see + O + ~ing** / 동사원형 : O가 ~하는 것을 보다 |
| 8 | (n) 보드게임 | **board game** | • **play board game** : 보드게임 하다 |
| 9 | (n) 보름달 | **full moon** | • **half moon** : 반달<br>• **new moon** : 초승달 (crescent moon) |
| 10 | (n) 보살핌, 돌봄 / 주의 / 염려 | **care** | • **take care of ~** : ~을 돌보다, 주의하다, 처리하다<br>• **care - cared** (v) 신경쓰다, 배려하다, 애를 쓰다 |
| 11 | (n) 보상, 보상금 | **reward** | • **reward - rewarded** (v) 보상, 보답하다 |
| 12 | (v) 보여주다, 보이다, 나타나다 | **show - showed** | • **show up** : 나타나다<br>• **show off** : 으스대다, 자랑하다 |
| 13 | (v) (~해) 보이다, (~인 것) 같다 | **look - looked, seem - seemed, appear - appeared** | |
| 14 | (v) 보존, 보호하다 | **preserve - preserved** | • **preservation** (n) 보존, 보호 |
| 15 | (v) 보호하다, 지키다 | **protect - protected** | • **protection** (n) 보호 |

**1** People in the Stone age <u>have</u> already <u>drawn</u> wall paintings in the cave.
- 석기시대 사람들은 이미 동굴에 벽화를 그렸습니다.

**2** It <u>seems</u> you <u>have changed</u> a lot since the first time we <u>met</u>.
- 넌 우리가 처음 만났을 때 후로 많이 변한 것 같다.

**3** I <u>have seen</u> a shooting star tonight and I <u>thought</u> of you.  -Bob Dylan-
- 오늘 밤 별똥별을 봤고 당신을 생각했지요.

**4** If a teacher <u>doesn't have</u> a nickname, it <u>means</u> students <u>don't like</u> him or her.
- 어떤 선생님이 별명이 없다면, 그건 학생들이 그 선생님을 좋아하지 않는다는 뜻이야.

**5** <u>Make</u> sure the wine <u>is kept</u> in the refrigerator on arriving there.
- 거기 도착하자마자 와인이 냉장고에 보관되도록 하세요.

• make sure S+V
S가V하는 것을 확실히
하다

**6** <u>Don't forget</u> to send mom carnation tomorrow.
- 내일 엄마한테 카네이션 보내는 거 잊지 마라.

**7** We <u>went</u> to Gosung Unification Observatory to see Mt. Geumgang over the DMZ.
- 우린 비무장지대 너머로 금강산을 보러 고성 통일전망대에 갔다.

**8** I <u>can't wait</u> to play yot nori with my whole family. It is a traditional borad game.
- 온 가족과 윷놀이 하는 게 너무 기다려져. 윷놀이는 전통 보드게임이야.

• can't wait to do
~하는 게 너무 기다려
진다, 너무 하고 싶다,
빨리 ~하고 싶다

**9** <u>Imagine</u> the calm night sea under a bright full moon.
- 밝은 보름달 아래 고요한 밤바다를 떠올려보세요.

**10** <u>Don't</u> you <u>think</u> they <u>are</u> also old enough to take care of themselves?
- 게들도 자신을 돌 볼 만큼 충분히 나이가 들었다고 생각하지 않아요?

**11** It <u>is</u> not a good idea to give your children rewards for doing well in the exams.
- 시험을 잘 쳤다고 아이들에게 보상을 주는 건 좋은 생각이 아니지요.

**12** It <u>showed</u> us the peaceful reunification is not a dream, but it can be a reality.
- 그것은 평화통일이 꿈이 아니라 현실일 수 있음을 우리에게 보여주었습니다.

**13** A man whose belly <u>looked</u> so big that it <u>was about to burst</u> stood at the door.
- 배가 막 터져버릴 것처럼 불룩해 보이는 한 남자가 문 앞에 서 있었다.

**14** <u>Push</u> them to stop the thoughtless development and <u>preserve</u> the woods.
- 그들이 무분별한 개발을 멈추고 숲을 보호하도록 압박하세요.

**15** Nothing <u>is</u> capable of <u>protecting</u> your body from getting old and finally perishing.
- 그 무엇도 당신의 육체가 늙어가고 마침내 소멸해 버리는 것에서 당신을 지켜주지는 못합니다.

• be capable of ~
~할 수 있다. ~할 능력
이 있다.

| 1 | (n) 보호막, 방패 | **shield** | • **shield - shielded** (v) 보호하다, 가리다 |
| 2 | (v) 복 받다, 축복받다 | **be blessed** | • **be blessed with ~** : ~라는 복을 받다 |
| 3 | (n) 복권 | **lottery** | • **lottery ticket** (a) 복권(표)<br>• **win the lottery** : 복권에 당첨되다 |
| 4 | (n) 별명 | **nickname** | • **nickname - nicknamed** (v) 별명을 붙이다 |
| 5 | (a) 복잡한 | **complicated ( be complicated )** | • **complicate - d** (v) 복잡하게 하다 |
| 6 | (v) 복종, 순종하다 | **obey - obeyed** | • **obedience** (n) 복종, 순종<br>• **disobey - ed** (v) 복종하지 않다, 거역하다, 위반하다 |
| 7 | (n) 본성, 천성, 본질 / 자연 | **nature** | • **by nature** : 천성적으로, 선천적으로, 본래<br>• **natural** (a) 자연의, 자연적인 / 천성의, 천부적인 |
| 8 | (v) (~를) 부끄러워(창피해)하다 | **be ashamed of ~** | • **be ashamed to do**<br>: ~하기(하는 것이) 부끄럽다, 창피 하다 |
| 9 | (n) 부모 | **parent(s)** | • **parental** (a) 부모의, 아버지의, 어머니의<br>• **parenting** : 부모 노릇 |
| 10 | (n) 부분, 일부, 부품 | **part** | • **partial** (a) 부분적인 / 편파적인<br>• **partly** (av) 부분적으로 |
| 11 | (v) 부인하다 | **deny - denied** | • **denial** (n) 부인<br>• **admit - admitted** (v) 인정, 시인하다 |
| 12 | (n) 부작용 | **side effect** | • **effect** : 영향, 효과 |
| 13 | (a) 부정확한, 맞지 않는, | **incorrect ( be incorrect )** | • **correct** : 정확한, 맞는, 옳은 |
| 14 | (a) 부지런한, 근면한, 성실한 | **diligent ( be diligent )** | • **diligence** (n) 근면, 성실 |
| 15 | (v) 부패하다, 부패시키다, 썩다 | **decay - decayed** | • **decay** (n) 부패, 부식 |

1. A loving heart **acts** as a strong shield **against** all kinds of sufferings.
   - 사랑하는 마음은 온갖 괴로움을 막아주는 강력한 보호막으로 작용하지요.

2. "I **have been blessed** with people who are willing to help me" he **said** humbly.
   - "제가 인복이(저를 기꺼이 도와주려는 사람들이) 있었습니다" 그가 겸손하게 말했다.

3. I **have** a feeling that I am going to win the lottery this time.
   - 이번에는 복권이 될 것 같은 감이 와.

4. She really **hated** anyone to call her by her nickname in front of other people.
   - 그녀는 다른 사람들 앞에서 누군가가 그녀의 별명을 부르는 걸 몹시 싫어했다.

5. This kind of approach **is** just **making** the situation more complicated.
   - 이런 접근방식은 그저 상황을 더 복잡하게만 하고 있어요.

6. Your behaviors **cannot be justified** by saying that you **have obeyed** the orders.
   - 당신의 행위는 당신이 명령에 복종했었다고 말하는 것으로는 정당화될 수 없습니다.

   • justify - justified
   정당화하다

7. **Isn't** it human nature to want to help people in need?
   - 곤경에 처한 사람을 돕고 싶어 하는 게 인간의 본성 아닐까요?

8. That **was** a kind of situation that **made** me ashamed to be part of this family.
   - 그건 내가 이 가족의 일원인 것을 부끄럽게 만드는 그런 상황이었다.

9. If you **are** under 15, you **need** your parent's consent to open an account.
   - 15세 이하라면, 계정을 만들기 위해서 부모님의 동의가 필요합니다.

   • consent
   동의, 승락

10. We **must know** that we **judge** everything with our partial view of reality.
    - 우리는 우리가 진실의 부분적인 관점만을 가지고 모든 것을 판단한다는 것을 알아야 합니다.

11. That **might sound** like you **deny** everything your parents **have done** for you.
    - 그건 마치 네가 네 부모님께서 널 위해 하신 모든 것을 부인하는 것처럼 들릴지도 몰라.

12. It **is** time to worry about the possible side effects of the of AI technology.
    - AI 기술의 가능한 부작용에 대해 걱정해야 할 때지요.

13. Sometimes, it **is** incorrect to say that diligent people **succeed** in the society.
    - 가끔은, 부지런한 사람이 사회에서 성공한다고 말하는 것이 옳지 않아요.

14. We **know** that being diligent **is not** enough to be successful.
    - 성공하기 위해서 성실한 것만으로는 충분하지 않다는 걸 알고 있지요.

15. Not only the low temperature, but the dry condition **prevented** it from decaying.
    - 낮은 기온뿐 아니라 건조한 조건도 그것이 부패하는 것을 막아주었습니다.

    • prevent A from
    ~ing
    A가 ~하는 것을 막다,
    방지하다

| 1 | (a) 부풀어 오른, 불어난 | **swollen ( be swollen )** | • swell - swelled - swollen (v) 붓다, 부풀다 |

| 2 | (n) 분 / 잠깐, 순간 | **minute** | • in a minute : 당장, 즉시<br>• for a minute : 잠시, 잠깐 |

| 3 | (n) 분식점 | **snack bar** | • snack (a) 간식, 간단한 먹거리<br>• bar (a) (특정 음식) 전문점 (sandwitch, coffee bar) |

| 4 | (n) 분위기, 기분 | **mood, atmosphere** | • ruin(spoil) the mood : 분위기(기분)를 망치다<br>• be in a good(bad) mood : 기분이 좋다(나쁘다) |

| 5 | (a) 불가능한, 있을 수 없는 | **impossible ( be impossible )** | • possible (a) 가능한 |

| 6 | (v) 불다, 입김을 불다,<br>(바람에) 날리다 | **blow - blew - blown** | • blow up : 폭파하다, 터뜨리다<br>• blow out : (바람에) 꺼지다 |

| 7 | (a) 불쌍한, 측은한, 한심한 | **pitiful (be pitiful)** | • pity (n) 연민, 동정, 유감<br>• pity - pitied (v) 연민을 느끼다, 불쌍해 하다 |

| 8 | (n) 불안, 근심 / 열망 | **anxiety** | |

| 9 | (a) 불안해하는, 염려하는<br>/ 열망하는, 간절히 바라는 | **anxious ( be anxious )** | • be anxious about ~ : ~을 염려하다, 걱정하다<br>• be anxious to do : ~하기를 바라다, 열망하다<br>• be anxious for ~ : ~를 바라다, 열망하다 |

| 10 | (v) 불평(항의)하다, 투덜대다 | **complain - complained** | • complain about(of) ~ : ~에 대해(~를) 불평하다 |

| 11 | (n) 불평, 불만 | **complaint** | |

| 12 | (a) 붐비는, 복잡한 | **crowded ( be crowded )** | • crowd (n) 군중, 사람들<br>• crowd - crowded (v) 가득 메우다, 밀려들다 |

| 13 | (n) 붕어, 잉어, 잉엇과 물고기 | **carp** | • goldfish : 금붕어 |

| 14 | (v) 붙이다, 첨부하다, 들러붙다,<br>연관되다 | **attach - attched** | • detach - detached (v) 분리하다, 떼어내다 |

| 15 | (a) 비겁한 | **cowardly ( be cowardly )** | • coward (n) 겁쟁이 |

1. Eating ramen before sleeping often <u>leaves</u> the swollen face in the morning.
   - 잠자기 전에 라면 먹는 건 아침에 부은 얼굴을 남기기 마련이지.

2. It <u>didn't take</u> me a minute to memorize the periodic table. I <u>must be</u> a genius.
   - 주기율표를 외우는데 일 분도 안 걸렸어. 난 천재가 분명해.

3. There <u>was</u> a snack bar whose customers <u>were</u> usually elementary students.
   - 손님이 주로 초등학생인 분식점이 하나 있었다.

4. She <u>is</u> so tactful she <u>never miss</u> the time when her mom <u>is</u> in a good mood.
   - 그녀는 엄마가 기분이 좋은 때를 절대 놓치지 않을 만큼 눈치가 빠르다.

   • tactful
   눈치 있는, 요령있는

5. I <u>found</u> it impossible to be truly happy without realizing who I <u>was</u>.
   - 나는 내가 누군지 깨닫지 않고는 진정으로 행복해지는 것은 불가능하다는 걸 알게 되었다.

6. He <u>opened</u> the car window, and some of the papers <u>blew</u> away out of the car.
   - 그는 차창을 열었고, 서류 몇 장이 차 밖으로 날아가 버렸다.

7. Seeing her coming into the shop, I <u>tried</u> to look as pitiful as I could.
   - 그녀가 가게로 들어오는 걸 보자, 난 할 수 있는 한 불쌍해 보이려 애썼다.

8. We <u>know</u> that there <u>is</u> a growing public anxiety over the fine dust issue.
   - 우리는 미세먼지 문제에 대한 증폭되고 있는 대중적 불안이 있다는 것을 알고 있습니다.

9. The bad dream also <u>made</u> her feel anxious about her son in the army.
   - 그 나쁜 꿈도 그녀가 군대에 있는 아들을 걱정하게 했다.

10. I have <u>never seen or heard</u> her complain about her unpleasant circumstances.
    - 저는 그녀가 불우한 환경에 대해서 불평하는 걸 본 적도 들은 적도 없습니다.

    • circumstances
    사정, 상황

11. This year alone, he <u>has filed</u> over 30 civil complaints.
    - 올해만, 그는 30건 이상의 민원을 제기했습니다.

    • file-filed
    (소송 등을) 제기하다

12. The station <u>was crowded</u> with people who <u>are heading</u> for their hometowns.
    - 역은 고향으로 향하는 사람들로 붐볐다.

    • head for ~
    ~로 향하다

13. Whenever I <u>threw</u> a stone into the water, the carp <u>gathered</u> around it.
    - 내가 물속에 돌멩이를 던질 때마다, 잉어들이 그 주위로 모여들었다.

14. You<u>'d better check</u> the attached file for viruses before opening it.
    - 열기 전에 바이러스가 없는지 첨부파일을 검사해보는 게 좋겠어.

15. Maybe, you <u>were</u> right, but I <u>felt</u> that <u>was</u> a cowardly behavior at that time.
    - 어쩌면, 네 말이 옳았겠지만, 난 그때 그게 비겁한 행동이라 느꼈어.

| 1 | (n) 비결, 비밀 | **secret** | • keep/reveal a secret : 비밀을 지키다/누설하다<br>• secret (a) 비밀의, 기밀의, 은밀한 |
|---|---|---|---|
| 2 | (v) 비난하다, ~를 탓하다 | **blame - blamed** | • blame (n) 비난, 책임, 탓<br>• praise - praised (v) 칭찬, 칭송하다 |
| 3 | (n) 비누 | **soap** | • soap - soaped (v) 비누칠하다<br>• soap opera : 연속극 |
| 4 | (v) 비명을 지르다, 소리치다 | **scream - screamed** | • scream (n) 비명, 절규<br>• screamy (a) 절규하는 |
| 5 | (a) 비민주적인 | **undemocratic ( be undemocratic )** | • democratic (a) 민주적인, 민주주의의<br>• democracy (n) 민주주의 |
| 6 | (n) 비밀번호 | **PIN, password** | • PIN(personal identification number) |
| 7 | (a) 비열한, 짓궂은, 인색한 | **mean ( be mean )** | • mean - meant - meant (v) 의미하다, ~라는 뜻이다<br>• meaning (n) 의미<br>• means (n) 수단, 방법 |
| 8 | (v) 비웃다, ~를 보고 웃다 | **laugh at ~ - laughed at ~** | • laugh - laughed (v) 웃다<br>• laughter (n) 웃음 |
| 9 | (v) 비틀다, 구부리다, 삐다, 왜곡하다 | **twist - twisted** | • twist a straw rope : 새끼줄을 꼬다<br>• twist one's ankle : 발목을 삐다<br>• twist the facts : 사실을 왜곡하다 |
| 10 | (n) 비행기 | **plane, airplane** | • plane - planed (v) 대패질 하다<br>• plane (a) 평평한, 평면의 |
| 11 | (a) 빈, 비어 있는, 멍한 | **vacant ( be vacant )** | • vacant lot/seat/postition : 공터/빈자리/공석<br>• vacant look/answer : 멍한 표정/공허한 대답 |
| 12 | (v) 빌려주다, 대여하다 | **lend - lent - lent** | • borrow - borrowed (v) 빌리다 |
| 13 | (n) 빛, 전등, 불 | **light** | • light - lit - lit (v) 불붙이다, 불붙다, 밝히다<br>• light (a) 밝은, 환한, 옅은, 가벼운 |
| 14 | (v) 빛나다, 비추다 | **shine - shone - shone** | • shiny (a) 빛나는, 반짝이는 |
| 15 | (av) 빠르게, 빨리, 곧, 신속하게 | **quickly, fast** | 동작을 표현할 때는 fast를 더 자주 사용합니다.<br>• quick (a) 빠른, 신속한 • fast (a) 빠른 |

1. **Can** you **promise** you **will keep** it secret from your friends?
- 이걸 네 친구들한테 비밀로 하겠다고 약속할 수 있어?

2. I **don't want** you to blame yourself for my death.
- 내 죽음 때문에 자책하지 않길 바라.

3. **Let** me show you how to make soap using natural materials today.
- 오늘은 제가 천연 재료를 이용해서 비누 만드는 방법을 여러분께 보여드릴게요.

4. There **is** nothing more painful than watching a baby screaming in pain.
- 아기가 아파서 소리 지르는 것을 보는 것보다 더 괴로운 건 없어요.

5. Everyone **knows** the reason why we **must follow** the democratic process.
- 우리가 민주적 절차를 따라야만 하는 이유는 누구나 알고 있습니다.

6. A PIN **is** a personal identification number that **verifies** a person's identity.
- PIN은 개인의 신원을 확인해 주는 개인 신분 확인 번호다.

• verfify -verfified
확인하다

7. I also **know** she **is** not capable of doing such a mean thing to her friends.
- 나 또한 그녀가 친구들에게 이런 비열한 짓을 할 수 없다는 걸 알고 있어.

8. **Don't be** a person who **feels** good when laughing at someone.
- 누군가를 비웃을 때 기분 좋게 느끼는 사람은 되지 마라.

9. **Don't twist** my words.
- 내 말을 왜곡하지 마세요.

10. It **is** impossible for an airplane to take off in this kind of weather.
- 이런 날씨에는 비행기가 이륙하는 건 불가능합니다.

• take off
이륙하다

11. There **were** vacant seats in the front, but no one **was willing to** take them.
- 앞쪽에는 빈자리가 있었지만, 아무도 거기 앉으려 하지 않았다.

12. **Is** there anyone who **can lend** me 10,000 won?
- 나한테 만원만 빌려줄 수 있는 사람 있나요?

13. Once there **appears** light, the darkness of ten thousand years **should disappear**.
- 빛이 나타나면, 만년의 어둠도 사라지고 말지.

14. I **was sitting** under a tree, seeing the sun shining through the waving leaves.
- 난 흔들리는 나뭇잎 사이로 반짝이는 해를 보면서 나무 아래 앉아 있었어.

15. Of course, I **hoped** they **would make** it finished as quickly as possible.
- 당연히 저는 그들이 가능한 한 빨리 그걸 끝내주길 바랐지요.

| 1 | (v) (슬그머니) 빠져나가다 | **slip out of ~ - slipped out of ~** | • **slip into ~** : 슬그머니 들어가다 |
|---|---|---|---|
| 2 | (v) 뿌리째 뽑다, 근절시키다 | **uproot - uprooted** | • **uprooted** (a) 뿌리째 뽑힌 |
| 3 | (a) 삐진, 뚱한, 부루퉁한 | **sulky ( be sulky )** | • **in a sulky mood** : 뚱한 기분으로<br>• **with a sulky face** : 뚱한 얼굴로 |
| 4 | (n) 사건, 일 | **incident** | • **a serious incident** : 심각한 사건(일)<br>• **a rare incident** : 드문 일 |
| 5 | (n) 사고, 우연 | **accident** | • **by accident** : 우연히<br>• **a car/traffic accident** : 자동차/교통사고<br>• **a hit-and-run accident** : 뺑소니 사고 |
| 6 | (v) 사과하다 | **apologize - apologized** | • **apologize for ~** : ~에 대해(~을) 사과하다<br>• **apology** (n) 사과 |
| 7 | (n) 사교육 | **private education** | • **public education** : 공교육 |
| 8 | (a) 사나운, 격렬한, 극심한 | **fierce ( be fierce )** | • **fierce fighting** : 격렬한 싸움<br>• **fierce dog** : 사나운 개, 맹견<br>• **fierce pain** : 극심한 고통 |
| 9 | (v) 사다, 사 주다, 구입하다 | **buy - bought - bought** | • **purchase - purchased** (v) 구매, 구입하다 |
| 10 | (v) 사라지다, 없어지다 | **disappear - disappeared** | • **disappearance** (n) 실종, 사라짐<br>• **appear - appeared** (v) 나타나다, ~해 보이다 |
| 11 | (n) 사람, 개인 / 사람들, 국민 | **person / people** | |
| 12 | (a) 사랑스러운, 아름다운, 멋진 | **lovely ( be lovely )** | '~ly'로 끝나는 형용사들이 있지요.<br>(friendly, cowardly, costly, 등) |
| 13 | (v) 사랑에 빠지다 | **fall - fell - fallen in love** | |
| 14 | (n) 사생활 | **privacy** | • **private** (a) 사적인, 개인 소유의, 민간의, 사생활의 |
| 15 | (n) 사슴벌레 | **stag beetle** | • **beetle** (n) 딱정벌레<br>• **stag** (n) 수사슴 |

**1** How <u>could</u> they <u>slip</u> out of the room unsean?

- 그들이 어떻게 들키지 않고 방을 빠져나갔을까?

**2** There used to <u>be</u> a strong man who <u>could</u> <u>uproot</u> a mountain.

- 산을 뽑아버릴 수 있는 장사가 있었지.

**3** I <u>got</u> sulky at my mom's scolding and <u>said</u> nothing all the way home.

- 난 엄마의 잔소리에 삐져서 집에 오는 내내 아무 말도 하지 않았다.

**4** At first, she <u>didn't</u> <u>know</u> the reason they <u>considered</u> the incident so serious.

- 처음에는 그녀는 사람들이 그 사건을 심각하게 여기지 않는 이유를 몰랐다.

**5** The scene <u>reminded</u> her of the terrible accident in which she <u>had</u> <u>lost</u> her son.

- 그 장면은 그녀가 아들을 잃은 그 끔찍한 사고를 상기시켰다.

• remind A of B
A에게 B를 생각나게 하다

**6** <u>Are</u> you sincerely <u>willing to</u> <u>apologize</u> to them for your rude behavior?

- 진심으로 당신의 무례한 행동에 대해서 그들에게 사과할 용의가 있으신가요?

**7** It <u>must</u> <u>be</u> one of the social phenomena that encourages private education.

- 그것은 사교육을 조장하고 있는 사회 현상들 중 하나가 분명합니다.

**8** However, there <u>was</u> no one who <u>had</u> the courage to run into the fierce fire.

- 하지만, 그 맹렬한 불길 속으로 뛰어들만한 용기를 가진 이는 없었습니다.

**9** Another one! Where <u>is</u> the BB gun your uncle <u>bought</u> for your birthday?

- 또 사달라고! 삼촌이 네 생일에 사 준 BB탄 총은 어쨌는데?

**10** So, I <u>began</u> to think about what <u>had</u> <u>made</u> all the fears disappear.

- 그래서, 난 무엇이 그 모든 두려움을 사라지게 했는지 생각하기 시작했다.

**11** As I <u>know</u>, he <u>was</u> the first person to question the truth of the news.

- 내가 알기로는, 그가 그 뉴스의 진위를 의심한 첫 번째 사람이었어.

**12** There <u>will</u> <u>be</u> a time when even this tiny plant <u>looks</u> so lovely.

- 이렇게 조그마한 식물조차 아주 사랑스러워 보이는 때가 있을 거예요.

**13** <u>Do</u> you <u>know</u> who <u>was</u> the girl with whom the young man <u>fell</u> <u>in love</u>?

- 그 청년이 사랑에 빠진 그 소녀가 누군지 아시나요?

**14** I <u>have to</u> <u>warn</u> you that it <u>is</u> undoubtedly an invasion of privacy.

- 이건 엄연히 사생활 침해라는 걸 경고해 드려야겠군요.

• invasion
침해, 침입, 침범

**15** Son, you also used to <u>keep</u> asking me to buy stag beetles.

- 아들아, 너도 엄마한테 사슴 벌레 사 달라고 계속 조르곤 했었단다.

| | | | |
|---|---|---|---|
| 1 | (n) 사실, 실제 | fact | • **in fact** : 실은, 사실은<br>• **the fact that ~** : ~라는 사실 |
| 2 | (v) 사실, 진실이다, 진리다 | be true, be a truth | • **true** (a) 사실인, 참인, 진짜의, 진정한<br>• **truth** (n) 사실, 진실, 진리 |
| 3 | (n) 사업, 일 | business | • **be in business** : 사업(영어) 중이다<br>• **be out of business** : 폐업하다 |
| 4 | (v) 사용, 이용하다, 쓰다 | use - used - used | • **useful** (a) 유용한, 쓸모있는<br>• **useless** (a) 쓸모없는 |
| 5 | (v) 사진 찍다 | take - took - taken a picture | • **be photographed** : 사진 찍히다 |
| 6 | (n) 사춘기 | puberty, adolescence | • **reach puberty** : 사춘기가 되다<br>보통 **puberty**는 신체적인 의미에서 **adolescence**는 정신적인 의미에서 사춘기를 뜻합니다. |
| 7 | (n) 사투리, 방언 | dialect | • **standard language** (n) 표준어 |
| 8 | (n) 사회, ~회, 협회 | society | • **social** (a) 사회의, 사회적인 |
| 9 | (n) 사후 세계, 내세, 저승 | afterlife | • **after death** : 사후에 |
| 10 | (v) 삭제하다, 지우다 | delete - deleted | • **delete a file ( folder, program )** |
| 11 | (n) 산 | mountain | • **mountains of ~** : 산더미 같은 ~<br>• **mountain range** : 산맥, 산악 지대<br>• **mountainous** (a) 산이 많은 / 거대한, 산더미 같은 |
| 12 | (n) 산들바람, 미풍 | breeze | • **breezy** (a) 산들바람 부는, 경쾌한 |
| 13 | (a) 산뜻한, 깔끔한, 정돈된 | neat ( be neat ) | • **neatly** (av) 산뜻하게, 깔끔하게 |
| 14 | (v) 살아남다, 생존하다, 견뎌 내다 | survive - survived | • **survival** (n) 생존 |
| 15 | (a) 살아 있는 | living, alive ( be alive ) | **'living'**은 보통 앞에서 명사를 꾸며줄 때 사용하고 **'alive'**는 보어로만 사용합니다. (living things, I'm alive.) |

**1** I <u>have</u> <u>not</u> <u>tried</u> to hide the fact that I <u>didn't finish</u> high school.
- 내가 고등학교를 마치지 못했다는 사실을 숨기려고 해 본 적이 없어.

**2** He <u>decided</u> not to stand again before he <u>would</u> finally <u>realize</u> the eternal truth.
- 그는 그가 마침내 영원한 진리를 깨닫기 전에는 다시 일어서지 않겠노라 마음먹었다.

• eternal
영원한, 불멸의

**3** I <u>think</u> it <u>is</u> not a good time to expand our business.
- 내 생각엔, 지금은 사업을 확장하기에 좋은 때가 아니야.

• expand - ed
확장, 확대, 팽창시키다

**4** My father <u>gave</u> a dictionary that he <u>had used</u> when he <u>was</u> a student.
- 아버지는 학생 때 사용하셨던 사전을 내게 주셨다.

**5** There <u>was</u> no one to ask to take a picture of us.
- 우리 사진 좀 찍어 달라고 부탁할 사람이 아무도 없었어.

**6** These days, the age for children to reach puberty <u>is getting</u> younger.
- 요즘, 아이들이 사춘기에 도달하는 나이가 빨라지고 있습니다.

**7** You <u>shouldn't</u> <u>speak</u> a dialect in word relay game.
- 끝말잇기에서는 사투리 쓰면 안 돼.

**8** I <u>call</u> these social phenomena meaningful steps toward a more just society.
- 저는 이런 사회 현상들을 더욱 공정한 사회를 향한 의미 있는 발걸음이라고 부릅니다.

• just
공정한, 정의로운

**9** Qin Shi Huang <u>prepared</u> this clay army for his afterlife.
- 진시황은 그의 사후세계를 위해 이 진흙으로 만든 군대를 준비해 두었습니다.

**10** <u>Is</u> there a way to restore the file I <u>have deleted</u> by mistake?
- 실수로 삭제해버린 파일을 복구하는 방법이 있나요?

• restore - d
복구하다, 회복하다

**11** She <u>was getting</u> tired, looking at mountains of papers to deal with.
- 그녀는 처리해야 할 산더미 같은 서류들을 바라보면서 지쳐가고 있었다.

• deal with
다루다, 처리하다

**12** I <u>raised</u> my head and <u>looked up at</u> the light green leaves waving in the breeze.
- 고개를 들고 산들바람에 흔들리는 연초록의 나뭇잎들을 올려다 보았다.

**13** I <u>admired</u> the student's neat handwriting that <u>was</u> like prints.
- 난 마치 인쇄물 같은 그 학생의 깔끔한 손글씨에 탄복했다.

• admire - d
감탄, 탄복, 존경하다

**14** In order to <u>survive</u> the competition, all of us <u>had to keep</u> our minds closed.
- 경쟁에서 살아남기 위해, 우리 모두는 마음을 닫아 두어야만 했지요.

• competition
경쟁

**15** I <u>repeated</u> three times "I <u>wish</u> all living things every happiness".
- 난 "모든 살아있는 것들에게 행복을 기원합니다"라고 세 번 반복했다.

| # | 뜻 | 단어 | 관련어 |
|---|---|---|---|
| 1 | (v) 살찌다 | gain weight, put on weight | • weight (n) 무게, 체중<br>• lose weight : 살 빼다, 살이 빠지다 |
| 2 | (n) 삶, 생명, 목숨, 인생 | life ( lives ) | • living ( livings ) : 생활, 생계비, 생계 수단 |
| 3 | (v) 상상하다, (마음에) 그려보다, 생각하다 | imagine - imagined | • imagine ~ing : ~하는 것을 상상하다<br>• imagine that s+v : s가 v하는 것을 상상, 생각하다 |
| 4 | (n) 상상, 상상력 | imagination | • imaginable (a) 상상할 수 있는, 생각해 볼 수 있는 |
| 5 | (n) 상식, 누구나 아는 사실 | common knowledge | • common (a) 흔한, 공동의, 공통의, 보통의 |
| 6 | (n) 상징, 부호, 기호 | symbol | • symbolize - symbolized (v) 상징하다 |
| 7 | (n) 상처, 부상 | wound, injury | • wounded, injuried (a) 상처 입은, 다친, 부상한 |
| 8 | (n) 상황 | situation | • in the present situation : 현 상황에서 |
| 9 | (v) 새기다, 조각하다 / (음식을)저미다, 자르다 | carve - carved | • carving (n) 조각(품), 새겨 넣은 것 |
| 10 | (a) 새로운, 새, 새로 산 | new ( be new ) | • brand new : 완전 새 것인, 새 것인 |
| 11 | (n) 새벽, 여명 | dawn | • at dawn : 새벽에, 동틀 녘에 |
| 12 | (n) 생각, 사고, 사색 | thought | • thouthful (a) 생각에 잠긴, 배려심 있는<br>• thouthless (a) 생각 없는, 배려심 없는 |
| 13 | (n) 생각, 발상, 아이디어 | idea | • ideal (a) 이상적인<br>• ideal (n) 이상, 이상형 |
| 14 | (v) 생겨나다, 발생하다 / 일어나다, (잠에서) 깨다 | arise - arose - arisen | |
| 15 | (n) 생물, 생명체 | creature | • create - created (v) 창조하다<br>• creation (v) 창조 |

1. These foods **can help** a person gain weight in a healthy and safe way.
- 이런 음식들은 건강하고 안전하게 살이 찌도록 도와줄 수 있습니다.

2. I **have never been** so ashamed in my life.
- 내 평생 이렇게 부끄러운 날은 없었어.

3. I **could** easily **imagine** how restless they **were feeling** in that kind of situation.
- 게네들이 그런 상황에서 얼마나 불안해하고 있는지 쉽게 그려볼 수 있었습니다.
• restless
불안한, 가만있기 힘든

4. It **doesn't take** so much imagination to understand his mental state.
- 그의 심리상태를 이해하는 것은 그다지 많은 상상이 필요하지 않지요.

5. It **is** a common knowledge that the volum of ice **is** more than water of the same amount.
- 얼음의 부피가 같은 양의 물보다 크다는 건 상식이야.

6. This book is **filled** with mathematical symbols that I **can't understand**.
- 이 책은 내가 이해할 수도 없는 힘든 수학 기호들로 가득해.

7. Even before the wounds of war **healed** over, another suffering **came** again.
- 전쟁의 상처가 아물기도 전에, 또 다른 시련이 다시 찾아왔다.
• heal over
치유되다, 낫다

8. Being ready to take action, we **were watching** the situation closely.
- 조치를 취할 준비를 한 채로, 우리는 상황을 예의주시하고 있었다.
• take action
조치를 취하다

9. Mom **asked** dad to carve the chicken to make chicken stew.
- 엄마가 닭볶음탕을 만드시려고 아빠한테 닭을 잘라 달라고 부탁하셨다.

10. I **washed** the jeans, forgetting my new smart phone **was** in its pocket.
- 난 내 새 스마트폰이 주머니에 든 걸 잊어버린 채로, 청바지를 빨아버렸다.

11. It **happens** all the time my son **plays** with a smart phone and **sleeps** at dawn.
- 아들 녀석이 스마트 붙들고 날다가 새벽에 자는 건 다반사예요.
• It happens all the
time 다반사다

12. I **found** her sitting at the corner of the coffee shop, lost in thoughts.
- 그녀가 생각에 잠긴 체로 커피숍 구석에 앉아 있는 걸 발견했다.

13. She also **knew** it **was** not a good idea to show them that hard-line attitude.
- 그녀 역시 그들에게 그렇듯 강경한 태도를 보여주는 것이 좋은 생각이 아니라는 것을 알고 있었습니다.
• hard-line
강경한

14. You **need** the ability to handle problems which **may arise** from diverse causes.
- 다양한 원인에서 생겨날 수 있는 문제들에 대처할 수 있는 능력이 필요합니다.

15. All living creatures **want** to be free and happy.
- 모든 살아있는 생명체들은 자유롭고 행복하기를 바랍니다.

| 1 | (a) 생생한, 선명한 | vivid ( be vivid ) | • **vividly** (av) 생생하게, 선명하게 |
| 2 | (v) 샤워하다 | take a shower, have a shower | |
| 3 | (v) 서다, 서 있다 / 참다, 견디다 | stand - stood - stood | • **I can't stand him.** : 그 녀석은 견딜 수 없어(싫어). |
| 4 | (n) 서로 | each other, one another | |
| 5 | (av) 서슴 없이, 주저 없이 | without hesitation | • **hesitate - hesitated** (v) 주저하다, 망설이다 |
| 6 | (n) 서점, 책방 | bookstore, bookshop | • **online bookstore** : 온라인 서점 |
| 7 | (v) (~에) 서툴다, 잘 못하다 | be poor at ~ | • **be good at ~** : (~에) 능숙하다, 잘 하다 |
| 8 | (n) 석탑 | stone pagoda | • **three-story stone pagoda** : 삼층 석탑<br>• **wood pagoda** : 목탑 |
| 9 | (n) 선녀, 요정 | fairy | • **fairy tale** : 동화 |
| 10 | (n) 선물 | present, gift | • **birthday / wedding present** : 생일 / 결혼 선물 |
| 11 | (n) 선율, 곡 | melody | • **sweet / simple melody** : 달콤한 / 단순한 선율 |
| 12 | (v) 선택하다, 고르다, 결정하다 | choose - chose - chosen | • **choose to do** : ~하기로 (결정)하다, ~하길 원하다<br>• **choosy** (a) 까다로운, 가리는 게 많은 |
| 13 | (n) 선택, 선택권 | choice | • **make a choice** : 선택하다<br>• **have a choice** : 선택의 여지가 있다<br>• **have no choice** : 선택의 여지가 없다 |
| 14 | (n) 선행, 좋은 행실 | good behavior, good deed | • **behavior** (n) 행동, 행실, 품행<br>• **deed** (n) 행동, 행위 |
| 15 | (v) 선행을 하다 | do good deeds, do good things | |

1. We could hear vivid testimonies about what had actually happened there.
   - 실제로 거기에서 어떤 일이 있었는지에 대한 생생한 증언들을 들을 수 있었습니다.

   • testimony
   증언

2. The man seemed not to have taken a shower at least for a month.
   - 그 남자는 적어도 한 달 동안은 샤워하지 않은 것 같았어.

3. People chanted his name, and he gathered all his strength to stand again.
   - 사람들은 그의 이름을 연호했고, 그는 다시 일어서려고 모든 힘을 모았다.

   • chant - chanted
   외치다, 연호하다

4. They ended up attacking each other's personality in the end.
   - 그들은 결국 서로의 인신공격을 하기에 이르렀다.

   • end up ~ing
   결국 ~하게 되다, ~로
   끝나다

5. I believe you are one of my friends who will help me without any hesitation.
   - 네가 어떤 망설임도 없이 날 도와줄 친구 중 하나라고 믿어.

6. I don't remember when was the last time I went to a bookstore.
   - 언제 마지막으로 서점에 갔었는지 기억도 안 난다.

7. Sorry, I am poor at memorizing names.
   - 미안, 내가 이름을 잘 못 외워.

8. There was an old stone pagoda in the temple where my mother would visit.
   - 어머니께서 가시던 그 절에는 오래된 석탑이 하나 있었어요.

9. This is a fairy tale that nearly everyone in Korea knows.
   - 이건 한국 사람이면 거의 모두가 아는 동화지요.

10. I wondered what she would buy me as my birthday present.
    - 그녀가 내 생일 선물로 뭘 사 줄지 궁금했다.

11. The melody he was humming sounded familiar to me.
    - 그가 흥얼거리고 있던 그 멜로디는 내게 친숙하게 들렸다.

12. There was no specific reason I chose to learn Spanish instead of English.
    - 영어 대신 스페인어를 배우기로 한 데는 이렇다 할 이유가 없었어요.

13. I don't know if I have made a right choice, but anyway it was my choice.
    - 옳은 선택을 했는지는 잘 모르겠지만, 어쨌거나 그건 제 선택이었어요.

14. What kind of reward do you give to encourage students' good behaviors?
    - 학생들의 바른 행동을 장려하기 위해서 어떤 보상을 주시나요?

    • reward
    보상, 보답

15. There are still many good people around us who are secretly doing good deeds.
    - 우리 주위에는 남몰래 선행을 하는 착한 사람들이 여전히 많이 있어요.

| | | |
|---|---|---|
| 1 | (v) 설득하다, 이해시키다 | **persuade - persuaded** | • **persuade + O + to do** : O가 ~하도록 설득하다<br>• **persuasive** (a) 설득력 있는 |
| 2 | (v) 설명하다 | **explain - explained** | • **explanation** (n) 설명 |
| 3 | (v) 설치하다 | **install - installed** | • **installation** (n) 설치 |
| 4 | (n) 섬 | **island** | • **desert island** : 무인도 |
| 5 | (v) 성공하다<br>/ 계승하다, 뒤를 잇다 | **succeed - succeeded** | • **succeed in ~** : ~에 성공하다<br>• **succeed to ~** : ~을 계승하다 |
| 6 | (n) 성공 | **success** | • **succession** (n) 계승, 연속 |
| 7 | (a) 성공적인, 성공한 | **successful ( be successful )** | • **successive** (a) 연속적인, 잇따른 |
| 8 | (v) 성장하다, 철들다, 어른이 되다 | **grow - grew - grown up** | • **grown-up** (a) 다 큰, 성인이 된 (n) 성인, 어른 |
| 9 | (n) 성적 | **grade(s), mark(s), result(s)** | |
| 10 | (av) 세 번 | **three times** | '~번, ~회'는 times로 표현합니다. 하지만 '한 번'은 once로 '<br>두 번'은 twice 또는 two times로 표현하지요. |
| 11 | (a) 세 번째 ~ | **third** | one, two, three, 등을 기수라고 하고 first, second, third,<br>fourth, fifth, sixth, seventh, eighth, ninth, tenth, 등을 서<br>수라고 합니다. |
| 12 | (n) 세계평화 | **world peace** | |
| 13 | (n) 세균, 미생물, 병균 | **germ** | • **germ killer** : 살균제<br>• **germ warfare** : 세균전 |
| 14 | (v) 세다 | **count - counted** | • **count on ~** : ~을 믿다, 의지하다 |
| 15 | (n) 세제, 세척제 | **detergent** | • **liquid detergent** : 액체 세제<br>• **synthetic detergent** : 합성 세제 |

**1** We <u>had to</u> <u>find</u> a way to persuade more people to attend the event.
- 우린 더 많은 사람이 그 이벤트에 참여하도록 설득할 방법을 찾아야 했다.

**2** I <u>wasn't</u> even <u>given</u> a chance to explain why I had been absent.
- 난 왜 내가 결석했는지 설명할 기회조차 얻지 못했다.

**3** He <u>was</u> <u>arrested</u> for installing hidden camera in a women's restroom.
- 그는 여자화장실에 몰카를 설치한 혐의로 체포되었습니다.

**4** A giant island of plastic <u>has</u> <u>been</u> <u>found</u> floating in the Pacific Ocean.
- 거대한 플라스틱 섬이 태평양에 떠 있는 것이 발견되었습니다.

**5** <u>Do</u> you <u>think</u> I <u>can</u> <u>succeed</u> as a singer?
- 제가 가수로 성공할 수 있다고 생각하시나요?

**6** They <u>held</u> their first concert, and it <u>was</u> a great success that no one <u>could</u> <u>expect</u>.
- 그들은 첫 번째 콘서트를 열었고, 그것은 아무도 기대하지 못했던 대성공이었다.

**7** 'Which word <u>should</u> I <u>use</u> in this case between successful and successive?'
- '이런 경우에는 successful하고 successive 중에 어느 단어를 사용해야 하지?'

**8** We <u>plan</u> to go and live in a countryside when our children all <u>grow up</u>.
- 아이들이 다 자라고 나면 시골에 가서 살려고요.

**9** If you <u>work</u> hard and <u>get</u> good grades, your mother <u>will</u> <u>be</u> happy, right?
- 열심히 노력해서 좋은 서적을 내면, 어머니께서도 기뻐하시겠지, 그렇지?

• work - worked
노력하다

**10** I <u>have</u> <u>told</u> you a hundred times not to speak like that.
- 당신한테 그런 식으로 말하지 말라고 골백번 이야기했잖아.

**11** It <u>was</u> the third time she <u>asked</u> me the same question.
- 그녀가 내게 그 똑같은 질문을 한 것이 세 번째였습니다.

**12** There <u>are</u> theories about how world peace can be achieved.
- 세계 평화를 얻는 방법에 대한 이론들이 있지요.

• theory
이론, 학설

**13** These germs that <u>cause</u> diseases <u>pass</u> from your hands into your mouths.
- 질병을 일으키는 이런 세균들은 여러분의 손에서 입으로 들어가요.

**14** <u>Do</u> you <u>know</u> the song 'Count on me'?
- 너 Count on me 라는 노래 알아?

**15** The most important ingredients in detergents <u>are</u> chemicals called surfactants.
- 세제의 가장 중요한 성분은 계면활성제라고 불리는 화학물질이지요.

• ingredients
성분, 재료, 원료
• surfactant
계면활성제

| | | |
|---|---|---|
| 1 | (n) 세탁기 | **washing machine, washer** | • **run the washer** : 세탁기를 돌리다 |
| 2 | (n) 셔틀버스 | **shuttle bus** | |
| 3 | (v) 소개하다, 도입하다 | **introduce - introduced** | • **introduction** (n) 소개, 도입 |
| 4 | (n) 소나무 | **pine tree, pine** | • **pine** (n) 소나무, 솔 |
| 5 | (av) 소리 내어, 큰 소리로 | **aloud** | • **loudly** (n) 큰 소리로, 시끄럽게 |
| 6 | (v) 소비하다, 소모하다 | **consume - consumed** | • **consumption** (n) 소비, 소모<br>• **consumptive** (a) 소모적인, 소비의<br>• **consumer** (n) 소비자 |
| 7 | (n) 소설 | **novel, fiction** | • **novel** (a) 기발한, 새로운<br>• **novelist, fictionist** (n) 소설가 |
| 8 | (a) 소심한, 겁 많은 | **timid ( be timid )** | |
| 9 | (a) 소위, 이른바 | **so-called** | |
| 10 | (v) 소유하다, 가지고 있다 | **possess - possessed** | • **possession** (n) 소유(물), 보유 |
| 11 | (v) 소중히 하다, 아끼다,<br>(마음에) 간직하다 | **cherish - cherished** | |
| 12 | (v) 속삭이다, 소곤거리다 | **whisper - whispered** | • **whisper** (n) 속삭임, 소문<br>• **in a whisper** : 귓속말로 |
| 13 | (a) 속상한, 화난 / 뒤집힌<br>/ 엉망이 된 | **upset ( be upset )** | • **upset - upset** (v) 뒤집다, 뒤엎다, 엉망으로 만들다 |
| 14 | (v) 속이다, 기만하다 | **deceive - deceived** | • **deception** (n) 속임, 기만, 사기<br>• **deceit** (n) 속임수, 기만, 사기 |
| 15 | (v) 손대다, 만지다, 건드리다<br>/ 감동을 주다 | **touch - touched** | • **touch** (n) 촉감, 감촉, 만짐, 건드리기<br>• **touching** (a) 감동적인 |

**1** We <u>went</u> to buy a washing machine and <u>were</u> <u>shocked</u> at their prices.

- 세탁기를 사러 갔다가, 가격에 기겁했어.

**2** A shuttle bus <u>will</u> <u>be</u> there to bring you to the airport.

- 셔틀버스가 여러분을 공항으로 모시기 위해서 거기에 대기하고 있을 거예요.

**3** At a job interview, they <u>will</u> <u>ask</u> you to introduce yourself in English.

- 면접할 때, 너한테 영어로 소개해 보라고 할 걸.

**4** <u>Don't</u> <u>park</u> under a pine tree. The resin <u>will</u> <u>fall</u> down on your car.

- 소나무 밑에 주차하지 마. 차에 송진이 떨어질 거야.

• resin
송진

**5** Most of them <u>seemed</u> too serious, but I nearly <u>laughed</u> aloud.

- 사람들 대부분이 너무 심각해 보였지만, 난 하마터면 소리 내서 웃을 뻔했어.

• nearly, almost
하마터면

**6** <u>See</u> the way people <u>consume</u>, and you <u>can</u> <u>understand</u> the level of their civilization.

- 사람들이 소비하는 방식을 보세요, 그러면 그들의 문명을 이해할 수 있습니다.

**7** It <u>took</u> Choi Myeonghee 17 years to write this epic novel, Honbul.

- 최명희 작가가 이 대하소설, 혼불을 쓰는데는 17년이라는 세월이 걸렸습니다.

• epic novel
서사소설, 대하소설

**8** I <u>am</u> always timid about speaking in front of people.

- 항상 사람들 앞에서 이야기하는 게 겁이 난다.

**9** How <u>could</u> your so-called best friend <u>deceive</u> and <u>drive</u> you into a corner?

- 어떻게 소위 절친이라는 놈이 널 속이고 궁지로 몰아넣을 수 있어?

**10** He <u>has</u> <u>lost</u> everything he <u>possessed</u> because of his lie.

- 그는 자기 거짓말 때문에 가지고 있던 모든 것을 잃어버렸다.

**11** What I <u>am</u> the most afraid of <u>is</u> I <u>may</u> <u>lose</u> my cherished memory of the days.

- 두려운 건 어쩌면 내가 마음에 간직하고 있는 그 날들의 기억을 잃어버릴 수도 있다는 것입니다.

**12** Both of them <u>sit</u> behind me and always <u>whisper</u> each other during class.

- 걔네 둘은 내 뒤에 앉는데 항상 수업 내내 서로 속닥속닥한다.

**13** She <u>was</u> very upset to see his boyfriend whispering to her friend.

- 그녀는 남자친구가 그녀의 친구한테 속삭이고 있는 걸 보고는 엄청 화가 났다.

**14** I <u>can't</u> <u>endure</u> the thought that I <u>have</u> <u>been</u> <u>deceived</u> again.

- 내가 또 속았다는 생각을 견딜 수가 없어요.

• endure - d
참다, 견디다

**15** Everything his hands <u>touched</u> <u>turned</u> into gold.

- 그의 손이 닿는 것은 모두 금으로 바뀌었다.

| | | |
|---|---|---|
| 1 | (v) 손상, 손해, 피해를 주다 | **damage - damaged** | • **damage** (n) 손상, 손해, 피해, 훼손 |
| 2 | (n) 손톱, 발톱 / 못 | **nail** | • **fingernail** : 손톱 <br> • **toenail** : 발톱 |
| 3 | (a) 솔직한, 숨김없는, 노골적인 | **frank ( be frank )** | • **frankly** (av) 솔직히(말하면), 노골적으로 |
| 4 | (n) 소고기 | **beef** | • **pork** : 돼지고기 |
| 5 | (n) 수건 | **towel** | • **kitchen towel** : 행주 |
| 6 | (n) 수고, 폐 / 문제, 곤경 | **trouble** | • **save trouble** : 수고를 덜다 <br> • **cause trouble** : 폐를 끼치다, 문제를 일으키다 |
| 7 | (a) 수다스러운, 말이 많은 | **talkative ( be talkative )** | |
| 8 | (a) 수많은, 엄청 많은 | **numerous ( be numerous )** | • **on numerous occasions** : 수차례, 여러 번 |
| 9 | (n) 수백의 ~ | **hundreds of ~** | • **dozens of ~, scores of ~** : 수십의 ~ <br> • **thousands of ~** : 수천의 ~ |
| 10 | (n) 수액(樹液), 체액 | **sap** | |
| 11 | (v) 수입하다 | **import - imported** | • **export** (v) 수출하다 <br> port는 '항구'를 뜻하고 im~은 '~안으로' ex~는 '~밖으로'의 의미입니다. 그래서 '수입하다, 수출하다'의 의미가 되지요. |
| 12 | (a) 수제의 | **hand-made, handmade** | |
| 13 | (a) 수줍어하는, 수줍은, 꺼리는 | **shy ( be shy )** | • **be shy of ~** : ~을 꺼리다 |
| 14 | (v) 수집하다, 모으다 / 모이다, 쌓이다 | **collect - collected** | • **collection** (n) 수집, 수집품, 모음집, 컬렉션 <br> • **collective** (a) 집단적인, 공동의 |
| 15 | (a) 수치스러운, 창피한, 부끄러운, 치졸한 | **shameful ( be shameful )** | • **shame** (n) 수치심, 창피, 망신 |

**1** It <u>is</u> impossible to recover the system damaged by this virus.
- 이 바이러스에 손상을 입은 시스템은 복구가 불가능합니다.

**2** My aunt <u>colored</u> my nails with balsam, and I <u>like</u> it so much.
- 이모가 봉숭아로 손톱을 물들여 주셨는데, 정말 좋아.

**3** I <u>like</u> people who <u>are</u> frank about their feelings.
- 감정에 숨김기 없는 사람들이 좋아.

**4** Which <u>do</u> you <u>prefer</u>, Beef or Pork? I <u>prefer</u> beef, but it's too expensive.
- 소고기랑 돼지고기 중에 어떤 게 더 좋아? 소고기가 더 좋지만, 너무 비싸.

**5** I <u>have told</u> you several times to put the towel you <u>used</u> in this basket.
- 너한테 네가 쓴 수건은 이 바구니에 넣어두라고 몇 번 말했잖아.

**6** There <u>are</u> always one or two who <u>cause</u> trouble in any group.
- 어떤 단체나 문제를 일으키는 사람이 한둘 있기 마련이지.

**7** My son always <u>becomes</u> very talkative about the day on my car after school.
- 아들은 학교 마치고 내 차에서는 늘 그날 있었던 일들에 대해서 아주 말이 많아요.

**8** We <u>have met</u> and <u>talked</u> about this issue on numerous occasions. But...
- 우린 수차례나 만나서 이 문제에 관해서 이야기 해봤습니다. 하지만...

• occasion
(특정한 일이 일어난)
때, 경우, 기회

**9** Our ancestors <u>were</u> well aware of it hundreds of years ago.
- 우리 조상들은 수 백 년 전에 그것에 대해서 잘 알고 있었지요.

• ancestor
조상, 선조

**10** On springs, people <u>drill</u> on mono maples to collect sap.
- 봄마다, 사람들이 수액을 모으려고 고로쇠 나무에 구멍을 뚫습니다.

**11** Why <u>do</u> they <u>spend</u> so much money to import those luxury goods?
- 왜 그들은 저런 사치품들을 수입하는 데 그렇게 많은 돈을 쓰는 걸까요?

• luxury
사치스러운, 호화로운

**12** We <u>are selling</u> 100% handmade goods which are made of natural materials.
- 저희는 천연 재료로 만들어진 100% 수제품들을 판매하고 있습니다.

• material
재료, 소재

**13** Most of the teachers <u>remembered</u> him as a very quiet and shy student.
- 선생님들 대부분은 그를 아주 조용하고 수줍음 많은 학생으로 기억하고 있었다.

**14** They <u>make</u> solar panels which <u>are used</u> to collect the sun's heat.
- 그들은 태양열을 모으는데 사용되는 태양전지판을 만듭니다.

**15** I <u>have never expected</u> them to use these shameful tactics.
- 그들이 이런 치졸한 책략을 쓸 거라고는 예상하지 못했었다.

• tactic
전술, 책략

| # | 뜻 | 단어 | 관련 표현 |
|---|---|---|---|
| 1 | (n) 수평선, 지평선 / (지식, 경험, 등의) 범위, 시야 | horizon | • **on the horizon** : 곧 일어날 것 같은 <br> • **horizontal** (a) 수평선의, 수평의, 가로의 |
| 2 | (n) 수학 / 계산 | mathematics(math) | |
| 3 | (v) 수확하다, 거둬들이다 | harvest - harvested | • **harvest** (n) 수확, 수확물 |
| 4 | (v) 숙제하다 | do homework | • **check homework** : 숙제 검사하다 |
| 5 | (n) 순금 | pure gold | • **pure** (a) 순수한, 완전한, 순결한 |
| 6 | (a) 순진한, 순진무구한, 천진난만한 | naive ( be naive ) | • **naively** (adv) 순진하게, 천진스레 |
| 7 | (v) 순환하다, 순환시키다, (소문 등이) 돌다, 유포되다 | circulate - circulated | • **circulation** (n) 순환 |
| 8 | (v) 숨 쉬다, 호흡하다 / (생기, 용기, 등을) 불어넣다 | breathe - breathed | |
| 9 | (n) 숨, 호흡, 입김 / ~의 기미 ( a breath of ~) | breath | • **take/hold one's breath** : 숨을 쉬다/참다 <br> • **save one's breath** : (헛수고 않고) 잠자코 있다 |
| 10 | (n) 숯, 목탄 | charcoal | • **light charcoal** : 숯에 불을 붙이다 <br> • **a fire in a charcoal grill** : 숯불 <br> • **charcoal drawing** : 목탄화 |
| 11 | (n) 숲, 삼림 | forest | • **forest fire** : 산불 <br> • **primeval/rain forest** : 원시림/열대우림 |
| 12 | (v) 쉬다, 휴식하다 / 받치다, 기대다 | rest - rested | • **rest** (n) 휴식 / ( the rest ) 나머지 <br> • **take/have a rest** : 휴식을 취하다, 쉬다 |
| 13 | (a) 쉬운 / 안락한, 편안한 | easy ( be easy ) | • **easy** (adj) 쉽게, 편히 <br> • **easily** (av) 쉽게 |
| 14 | (n) 스님, 승려, 수도자 | monk | • **nun** : 여승, 수녀 |
| 15 | (v) 스치다, 솔질하다, 닦다, 빗다 | brush - brushed | • **brush** (n) 빗, 붓, 솔, 빗질, 붓질, 솔질 |

**1** What <u>do</u> you <u>think</u> the best way to expand your horizons <u>is</u>?
- 당신의 시야를 넓히는 가장 좋은 방법이 뭐라고 생각하세요?

**2** In high school, I <u>used to be</u> a so-called math quitter.
- 고등학교 때, 저는 소위 수포자였었요.

**3** It <u>is</u> finally the autumn when squirrels <u>are busy</u> havesting acons.
- 드디어 다람쥐들이 도토리를 모아들이느라 바쁜 가을입니다.

• be busy ~ing
~하느라 바쁘다

**4** Actually, I <u>was</u> not in the mood for meeting them because I <u>had</u> homework to do.
- 사실 나는 해야 할 숙제가 있어서 걔네를 만날 기분이 아니었어.

• in the mood for ~
~할 기분이다

**5** <u>Is</u> an Olympic gold medal <u>made of</u> pure gold?
- 올림픽 금메달은 순금으로 만들어졌나요?

**6** <u>Did</u> I <u>look</u> stupid or naive enough to believe that?
- 내가 그걸 믿을 만큼 멍청하거나 순진해 보였나?

**7** At that time, rumours <u>began</u> circulating that he <u>was going to leave</u> the company.
- 그 무렵, 그가 회사를 떠날 거라는 소문이 돌기 시작했다.

**8** She <u>seemed</u> to hardly have time to breathe because of the kids.
- 그녀는 아기들 때문에 숨돌릴 틈도 없어 보였다.

**9** <u>Imagine</u> you <u>feel</u> someone's breath on the back of your neck in the dark room.
- 어두운 방에서 목뒤로 누군가의 숨결을 느낀다는 상상을 해 봐.

**10** While he <u>was preparing</u> a fire in a charcoal grill, I <u>was lying</u> in a hammock comfortably.
- 그가 숯불을 준비하는 동안 나는 느긋하게 해먹에 누워있었지.

**11** This land <u>was</u> once <u>covered</u> with dense forest, but now it <u>is</u> bare.
- 이 땅은 한때 빽빽한 숲으로 덮여있었으나, 지금은 헐벗어있다.

• bare
벌거벗은, 헐벗은, 맨~

**12** First, I <u>rested</u> for a while, then <u>had</u> a shower and <u>changed</u> my clothes.
- 먼저, 잠시 쉬고는 샤워하고 옷을 갈아입었다.

**13** What <u>is</u> the easiest way to find your peace of mind?
- 마음의 평화를 얻는 가장 쉬운 방법은 무엇일까요?

• way to do
~하는 방법

**14** The bowl Korean Buddhists monks and nuns <u>use</u> in temples <u>is called</u> balwoo.
- 한국의 스님들이 절에서 사용하는 그릇이 발우라고 불리지요.

**15** "It's Ok." she <u>said</u>, brushing her hair back with both hands.
- "괜찮아." 그녀는 양손으로 머리를 뒤로 넘기며 말했다.

| | | |
|---|---|---|
| 1 | (v) 스케이트 타다 | **skate - skated** |
| 2 | (n) 스키니 진 | **skinny jeans** |
| 3 | (v) 스트레스받다 | **be stressed** |
| 4 | (a) 슬픈 얼굴의 | **sad-faced** |
| 5 | (a) 습한, 눅눅한 | **humid ( be humid )** |
| 6 | (n) 승리 | **victory** |
| 7 | (n) (한 편의) 시 | **poem** |
| 8 | (v) 시간을 내다 | **make time, find time** |
| 9 | (n) 시골길 | **country road** |
| 10 | (a) 시급한, 긴급한, 다급한 | **urgent ( be urgent )** |
| 11 | (a) 시끄러운, 요란한 | **loud ( be loud )** |
| 12 | (v) 시도해 보다, 노력하다, 애쓰다 | **try - tried** |
| 13 | (n) 시민, 주민, 국민 | **citizen** |
| 14 | (n) 시스템, 체계, 제도 | **system** |
| 15 | (a) 시원한, 냉담한, 차분한 / 멋진 | **cool ( be cool )** |

1.
- **skate** (n) 스케이트
- **go skating** (n) 스케이트 타러 가다

2.
- **skinny** (a) 비쩍 마른, 몸에 딱 붙는

3.
- **stress** (n) 스트레스, 압박감, 긴장감 / 강조, 강세
- **stress - stressed** (v) 강조하다, 스트레스를 주다

4.
- **baby-faced** : 동안(童顔)의
- **two-faced** : 두 얼굴의, 위선적인

5.
- **humidity** (n) 습도

6.
- **win a victory** : 승리하다
- **sweep to a victory** : 쉽게 승리하다

7.
- **poet** (n) 시인
- **poetry** (n) (문학 형식의) 시, (집합적 의미의) 시

8.
- **spend time** : 시간을 보내다, 쓰다
- **waste time** : 시간을 낭비하다

10.
- **urgent thing** : 시급한 일
- **urgent question** : 다급한 문제
- **urgent meeting** : 긴급회의

11.
- **loudly** (av) 시끄럽게, 큰 소리로, 요란하게
- **loud** (av) 시끄럽게, 큰 소리로, 요란하게

12.
- **try ~ing** : 시도해 보다, 시험 삼아 해보다
- **try to do** : ~하려고 노력하다, 애쓰다
- **try** (n) 시도

13.
- **ordinary citizen** : 평범한 시민
- **exemplary citizen** : 모범 시민

14.
- **systematic** (a) 체계적인, 조직적인

15.
- **cool - cooled** (v) 식히다, 식다

**1** All through the morning, my son <u>pestered</u> me to go skating.
- 아침 내내 아들이 스케이트 타러 가자고 졸라댔다.

• pester A to do
A에게 ~하자고 조르다

**2** Watching the young lady, I <u>wished</u> I <u>could wear</u> that kind of skinny jeans.
- 그 아가씨를 바라보면서, 나도 저런 스키니 진을 입을 수 있었으면 했지.

**3** Before meeting the boy, I <u>used to feel</u> stressed from the noise of his family.
- 그 소년을 만나기 전에는, 그의 가족의 소음 때문에 스트레스를 받았었다.

**4** I <u>kept</u> thinking of the sad-faced woman who was gazing out of the window.
- 창밖을 응시하고 있던 슬픈 얼굴의 여인이 계속 생각이 났다.

• look, stare, gaze
at ~
~을 응시하다

**5** The air <u>was</u> extremely humid, and the sweaty clothes <u>kept</u> sticking to me.
- 공기는 엄청나게 습했고, 땀에 젖은 옷은 계속 몸에 달라붙었다.

**6** Until a few minutes ago, victory <u>looked</u> certain.
- 몇 분 전까지만 해도, 승리는 확실해 보였다.

**7** He <u>recalled</u> the tiny room where he <u>read</u> the poems of Baekseok through the night.
- 그는 밤새도록 백석의 시를 읽던 그 조그마한 방이 생각났다.

• recall
상기, 기억하다

**8** Before leaving the city, <u>be</u> sure to make time to see me.
- 도시를 떠나기 전에, 나를 볼 시간을 꼭 내세요.

**9** The quiet country road <u>is</u> ideal for walking alone.
- 조용한 시골길은 혼자 걷기에 딱 좋지요.

• ideal
이상적인

**10** At this moment, there <u>is</u> no more urgent need than preventing the spread of virus.
- 지금으로서는, 바이러스의 확산을 막는 것보다 시급한 일이 없습니다.

**11** I <u>tried</u> to sleep, but it <u>was</u> almost impossible because of his loud snores.
- 자려고 애써봤지만 그의 시끄러운 코 고는 소리 때문에 잘 수가 없었어.

**12** Why <u>don't</u> you <u>try</u> planting some flowers there?
- 저기다가 꽃을 좀 심어보면 어떨까요?

**13** With these unexpected phenomena, the life of ordinary citizens <u>began</u> to change.
- 이런 예상치 못한 현상들과 함께, 평범한 시민의 삶도 변하기 시작했다.

• phenomenon
현상

**14** All of us <u>know</u> that it <u>is</u> not just the question of education system.
- 우리는 모두 이것이 단지 교육시스템만의 문제가 아니라는 것을 알고 있습니다.

**15** If you <u>want</u> to see flowers bloom, <u>keep</u> the seeds in a cool dry place.
- 꽃이 피는 걸 보고 싶으면, 씨앗을 서늘하고 건조한 곳에 보관해.

| | | |
|---|---|---|
| 1 | (v) 시작하다, 시작되다 | **begin - began - begun** |
| | | • **begin to do / ~ing** : ~하기 시작하다, ~를 시작하다 <br> • **beginning** (n) 시작, 처음, 초반 |
| 2 | (n) 시청광장 | **City Hall square** |
| | | • **square** (n) 정사각형, 광장 |
| 3 | (n) 시험, 조사, 검사 | **examination (exam)** |
| | | • **take(sit) an exam** : 시험 치다(보다) <br> • **pass an exam** : 시험을 통과하다, 합격하다 <br> • **fail an exam** : 시험에 떨어지다, 낙방하다 |
| 4 | (n) 시험 기간 | **exam period** |
| | | • **period** (n) 기간, 시기 |
| 5 | (n) 식사, 한 끼 | **meal** |
| | | • **eat(have) a meal** : 식사하다 <br> • **cook/make/prepare a meal** : 식사를 준비하다 <br> • **go out for a meal** : 외식하러 가다 |
| 6 | (v) 신경 쓰다, 관심 갖다, 배려하다 | **care - cared** |
| | | • **care** (n) 돌봄, 주의, 걱정, 염려 |
| 7 | (n) 신념, 믿음, 신뢰 | **belief, faith, trust** |
| 8 | (v) 신뢰하다, 믿다 | **trust - trusted** |
| | | • **trust + O + to do** : O가 ~할 것이라 생각하다, 믿다 <br> • **trust** (n) 신뢰, 신임 |
| 9 | (a) 신비한, 불가사의한 | **mysterious ( be mysterious )** |
| | | • **mystery** (n) 미스터리, 불가사의, 신비 |
| 10 | (a) 신선한, 새로운, 산뜻한 | **fresh ( be fresh )** |
| | | • **fresh kimchi** : 갓 담은 김치 |
| 11 | (a) 신속한, 재빠른 | **swift ( be swift )** |
| | | • **swiftly** (av) 신속히, 재빨리, 즉시 |
| 12 | (n) 신호 | **signal** |
| | | • **clear/strong signal** : 뚜렷한/강한 신호 <br> • **weak/faint signal** : 약한/희미한 신호 |
| 13 | (v) 실망하게 하다, 낙심하게 하다 | **disappoint - disappointed** |
| | | • **be disappointed to do** : ~ 해서 실망하다 <br> • **be disappointed to see/ hear/find ~** : ~을 보고/듣고/발견하고 실망하다 <br> • **disappointment** (n) 실망, 낙담 |
| 14 | (n) 실수, 오류, 잘못 | **mistake** |
| | | • **make/repeat a mistake** : 실수하다/되풀이하다 <br> • **by mistake** : 실수로 |
| 15 | (av) 실제로, 정말로, 사실은 | **actually** |
| | | • **actual** (a) 실제의, 사실의 |

**1** Once all of us <u>were</u> quiet, the cicada <u>began</u> to sing again.

- 우리가 모두 조용해지자, 매미는 다시 울기 시작했다.

• cicada
매미

**2** The memorial altar set up at City Hall square <u>was visited</u> by thousands of people.

- 시청광장에 설치된 분향소는 수천명의 시민이 방문했습니다.

• altar
분향소, 제단

**3** After a brief examination by a doctor, I <u>was taken</u> to the hospital by ambulance.

- 의사의 간단한 검사 후에, 나는 구급차로 병원으로 실려 갔다.

**4** It <u>is</u> hard to find an empty seat at the library during the exam period.

- 시험 기간에는 도서관에 빈자리 찾기가 어려워요.

**5** "<u>Would</u> you <u>like</u> to go out for a meal?" "No, instead I <u>will cook</u> a delicious meal."

- "외식하러 나갈까?" "아니, 대신 내가 맛있는 요리를 해 줄게.".

**6** You <u>never cared</u> what I <u>thought</u> or what I <u>liked</u> to do.

- 넌 내가 무슨 생각을 하는지 뭘 하고 싶은지 전혀 신경 쓰지 않았어.

**7** It <u>was</u> her faith in human nature that <u>helped</u> her not to give up the way of life.

- 그녀가 삶의 방식을 포기하지 않도록 도와준 것은 다름 아닌 인간 본성에 대한 그녀의 믿음이었지요.

**8** If you <u>can't trust</u> yourself not to say something bad, you<u>'d better</u> just <u>keep</u> quiet.

- 뭔가 나쁜 말을 하지 않을 거라고 자신하지 못한다면, 차라리 조용히 있는 게 좋아.

**9** She <u>has</u> eyes, which are dark and mysterious like an ocean.

- 그녀는 마치 바다처럼 어둡고 신비로운 눈을 가졌다.

**10** I <u>mean</u> we <u>need</u> to take a fresh look at the problem.

- 내 말은 우리가 이 문제에 새로운 시각을 가질 필요가 있다는 거야.

**11** As soon as I <u>came</u> in, she <u>stood</u> up in one swift movement and <u>walked</u> out.

- 내가 들어서자마자, 재빨리 그녀는 일어서서 걸어 나갔다.

**12** <u>Wait</u> until I <u>give</u> you the signal.

- 내가 신호를 줄 때까지 기다려.

**13** She <u>seemed disappointed</u> to miss the chance to see you.

- 그녀는 널 볼 수 있는 기회를 놓쳐서 실망한 것 같았어.

• chance to do
~할 기회

**14** It <u>was</u> a ridiculous mistake to think that we <u>could pay back</u> the loan in a year.

- 일 년 안에 대출을 갚을 수 있을 거로 생각한 것은 터무니없는 실수였다.

• pay back loan
대출을 갚다

**15** <u>Tell</u> me whether he actually <u>hit</u> you or just <u>threatened</u> you.

- 그 사람이 실제로 널 때렸는지 혹은 협박만 한 것인지 내게 말해.

• threaten-ed
위협, 협박하다

| 1 | (v) 실패하다, ~하지 못하다 | fail - failed | • **fail in ~** : ~에 실패하다<br>• **fail to do** : ~하지 못하다, ~하는 데 실패하다<br>• **failure** (n) 실패 |
|---|---|---|---|
| 2 | (n) 실험실 | laboratory (lab) | • **laboratory animal** : 실험실 동물 |
| 3 | (a) 심각한, 심한, 진지한 | serious ( be serious ) | • **seriously** (av) 심각하게, 진지하게, 진심으로 |
| 4 | (v) 심다 | plant - planted | • **plant** (n) 식물 / 공장 |
| 5 | (v) 싸우다, 다투다 | fight - fought - fought | • **fight** (n) 싸움, 다툼, 경기, 승부 |
| 6 | (a) 쌀쌀한, 차가운, 냉정한 | cold, chilly ( be cold, be chilly ) | |
| 7 | (av) 쌀쌀맞게, 차갑게, 냉정하게 | coldly, coolly | • **cool** (a) 시원한, 서늘한, 차분한, 냉담한 / 멋진 |
| 8 | (v) (돈, 시간, 등을) 쓰다, 보내다 | spend - spent - spent | • **spend + 돈, 시간, 노력, 등 + on ~** : ~에 쓰다<br>• **spend + 시간, 등 + ~ ing** : ~하면서, ~하는데 쓰다 |
| 9 | (v) 쓰다듬다, 어루만지다 | stroke - stroked | • **stroke** (n) 타격, 일격, 발작, 한 번 움직임 |
| 10 | (n) 쓰레기, 폐기물, 낭비 | waste | • **waste - wasted** (v) 낭비하다<br>• **wasteful** (a) 낭비하는, 소비적인 |
| 11 | (v) 쓸다, 털다, 휩쓸다, 미끄러지 듯 움직이다, 엄습하다 | sweep - swept - swept | |
| 12 | (a) 쓸모없는, 쓸데없는 | useless ( be useless ) | • **useful** (a) 쓸모있는, 유용한 |
| 13 | (n) 씨앗, 씨, 종자 | seed | • **plant/sow seed** : 씨를 심다, 뿌리다 |
| 14 | (a) 씩씩한 / 힘든, 어려운, 거친, 엄한, 가혹한 | tough ( be tough ) | • **tougher - toughest** |
| 15 | (v) 씹다, 물어뜯다 | chew - chewed | • **chewing gum** : 씹는 껌 |

**1** There <u>should be</u> harsh penalties for failing to reduce the use of plastic containers.
- 플라스틱 용기의 사용을 줄이지 못하는 것에 대한 엄격한 처벌이 있어야합니다.

• harsh
가혹한, 혹독한, 엄격한

**2** Laboratory tests <u>are not</u> always a good guide to what happens in the world.
- 실험실 테스트가 항상 세상에서 일어나는 일에 대한 좋은 기준이 될 수는 없지요.

**3** Hate crime <u>is</u> a serious and growing problem throughout the country.
- 증오 범죄는 사회 전반에서 심각하고 커지고 있는 문제입니다.

**4** Before you <u>plant</u> the seeds, <u>check</u> the soil condition carefully.
- 씨앗을 심기 전에, 토양 조건을 주의 깊게 살펴보세요.

**5** He <u>said</u> he <u>would fight</u> anyone who <u>would try</u> to stop him entering.
- 그는 들어가는 것을 못 하게 하려는 사람은 누구건 싸웠을 거라고 말했다.

**6** The birds <u>fly</u> south before the weather turns cold.
- 새들은 날씨가 추워지기 전에 남쪽으로 날아간다.

**7** On noticing her husband trying to bring up the story again, she <u>stared</u> coldly at him.
- 남편이 또 그 이야기를 꺼내려 한다는 걸 알아차리자, 그녀는 차갑게 남편을 쏘아보았다.

• notice O ~ing
O가 ~하는 것을 알아차리다

**8** My wife usually <u>spends</u> most of the weekend cleaning up the house.
- 제 아내는 보통 집 안 청소 하면서 주말 대부분을 보냅니다.

**9** Mom <u>stroked</u> my head and <u>reminded</u> me she <u>would be</u> there in time.
- 엄마는 내 머리를 쓰다듬으시고는 제시간에 거기 도착할 거라는 걸 내게 다시 말씀하셨다.

• remind
상기 시키다, 다시 알려주다

**10** I <u>told</u> her that living there in that way <u>was</u> just a waste of her talents.
- 난 그녀에게 거기서 그렇게 사는 것은 재능 낭비라고 말했다.

**11** When we <u>arrived</u> home, rain <u>was sweeping</u> in through the open windows.
- 집에 도착했을 때는, 비가 열린 창문을 통해 안으로 들이치고 있었다.

**12** The doctor <u>said</u> that further treatment <u>would be</u> useless.
- 의사는 더 이상의 치료는 의미가 없을 것 같다고 말했어.

• treatment
치료, 처치

**13** A small seed of hope <u>began</u> to grow in their minds.
- 작은 희망의 씨앗이 그들 마음에 자라기 시작했습니다.

**14** Most people <u>are demanding</u> tougher laws against drinking and driving.
- 대부분의 사람은 음주운전에 대한 더욱 엄격한 법을 요구하고 있습니다.

**15** There <u>was</u> a cow under the tree, slowly chewing a mouthful of grass.
- 나무 아래에는 풀을 한입 가득 천천히 씹고 있는 소가 한 마리 있었다.

| 1 | (v) 씻다, (물이) 밀려오다 | wash - washed | • wash (n) 씻기, 세탁, 너울, 파도 |
| 2 | (v) 아물다, 낫다, 치유하다 | heal - healed | • heal by itself : 저절로 낫다 |
| 3 | (n) 아이, 어린이 (아이들) | child (children) | • childish (a) 어린애 같은, 유치한<br>• childlike (a) 아이 같은, 순진한<br>• as a child : 어릴 때 |
| 4 | (n) 아이돌, 우상 | idol | • idol worship : 우상 숭배 |
| 5 | (n) 아주머니, 아줌마 | middle-aged woman | • middle-aged (a) 중년의 |
| 6 | (av) 아직, 이제, 그래도 | yet | |
| 7 | (v) 아프다, 피해를 보다 / 다치게 하다, (마음을) 아프게, 상하게 하다 | hurt - hurt - hurt | • hurt (n) (마음의) 상처, 부상<br>• hurtful (a) (마음을) 상하게 하는, 해로운 |
| 8 | (v) 아프다 / (~하고 싶어) 못 견디다 | ache - ached | • ache to do : ~하고 싶어 못 견디다<br>• ache (n) 아픔 |
| 9 | (a) 아픈 | painful, sick, ill | • sick (a) 아픈, 병든, 메스꺼운, 멀미 나는, 역겨운<br>• painful (a) 아픈, 고통스러운, 괴로운<br>• ill (a) 아픈, 병든, 좋지 않은 |
| 10 | (n) 악몽 | nightmare | • have a nightmare : 악몽을 꾸다 |
| 11 | (a) 안개 낀 / 흐릿한, 막연한 | foggy ( be foggy ) | • fog (n) 안개 |
| 12 | (v) 안경 쓰다 | wear/put on glasses | • take off glasses : 안경을 벗다 |
| 13 | (a) 안락한, 편안한 | restful, comfortable, cozy | • rest - rested (v) 쉬다 (n) 휴식 / 나머지<br>• comfort - ed (v) 위로~, 편안하게 하다 (n) 위로, 위안 |
| 14 | (v) 안도하다, 안심하다 | be relieved | • relieve - relieved (v) 안도하게 하다, 완화하다<br>• relief (n) 안도, 안심, 완화 |
| 15 | (a) 안전한, 무사한 | safe, secure | • safe (n) 금고 • safety (n) 안전<br>• secure - secured (v) 안전하게하다, 지키다 |

**1**  When <u>did</u> you <u>wash</u> the car last?

- 마지막으로 세차한 게 언제냐?

**2**  It <u>will take</u> a long time for the wounds to heal properly.

- 상처가 제대로 치유되는 데는 긴 시간이 걸릴 거예요.

* properly
제대로, 적절히

**3**  I <u>remember</u> you <u>were</u> also good at singing as a child.

- 내가 기억으로는 너도 어릴 때 노래에 소질이 있었어.

**4**  Teenage idols <u>have</u> an influence on our children more than you <u>think</u>.

- 십 대 아이돌은 당신이 생각하는 것 이상으로 아이들에게 영향력이 있어요.

**5**  I <u>saw</u> a middle-aged woman getting out of the car with a dog in her arms.

- 어떤 아주머니가 개를 안고 그 차에서 내리는 걸 봤어요.

**6**  It <u>is</u> not time to tell them the truth yet.

- 아직 그들에게 진실을 말할 때가 아니다.

**7**  It <u>might hurt</u> her that I <u>didn't take</u> sides with her in the argument.

- 그 다툼에서 그녀 편을 들지 않은 것이 그녀의 기분을 상하게 했는지도 모르지.

* take sides
편들다

**8**  If my grandmom's joints <u>began</u> to ache, it <u>was</u> a definite signal of rain.

- 할머니의 관절이 아프기 시작하면, 그건 분명 비가 올 징조였다.

* definite
분명한, 명백한

**9**  For most of the citizens, the disaster <u>has been</u> a very painful memory.

- 대부분의 시민에게 그 참사는 고통스러운 기억입니다.

**10**  All of a sudden, our trip <u>turned</u> into a nightmare.

- 갑자기, 우리 여행은 악몽으로 변해버렸다.

**11**  Drinking steaming coffee by the window, we <u>enjoyed</u> looking at the foggy sea.

- 창가에서 김이 모락모락 나는 커피를 마시면서, 우리는 안개 긴 바다를 바라보는 것을 즐겼다.

**12**  It <u>is</u> the first time that I <u>have seen</u> you wear glasses.

- 네가 안경 낀걸 본 건 처음이야.

**13**  I <u>was looking forward</u> to a quiet and restful vacation.

- 난 조용하고 편안한 휴가를 기대하고 있었지.

* look forward to ~
~를 기대, 고대하다

**14**  She <u>was</u> somewhat <u>relieved</u> to learn that his illness <u>was</u> not a serious one.

- 그녀는 그의 병이 심각한 것이 아니라는 것을 알고는 어느 정도 안도했다.

**15**  On such a rainy day, it <u>is</u> important drivers <u>keep</u> a safe distance from the car in front.

- 이렇게 비가 오는 날에는 운전자가 앞의 차와 안전거리를 유지하는 것이 중요합니다.

| | | |
|---|---|---|
| 1 | (v) 알고 있다, 알다 | **know - knew - known** |

• **knowledge** (n) 지식, 알고 있음

| | | |
|---|---|---|
| 2 | (v) 알람 맞추다 | **set the alarm** |

• **set the alarm for 6 a.m** : 오전 6시에 알람을 맞추다
• **set the alarm on the cell phone** : 휴대폰에 ~

| | | |
|---|---|---|
| 3 | (a) 알려진, 유명한, 소문난 | **known ( be known )** |

• **be known for ~** : ~로(때문에) 알려져 있다
• **be known as ~** : ~로(라고) 알려져 있다
• **be known to ~** : ~에 알려져 있다

| | | |
|---|---|---|
| 4 | (a) 알려지지 않은, 무명의, 미지의 | **unknown ( be unknown )** |

| | | |
|---|---|---|
| 5 | (v) 알아차리다, 의식(주목)하다 | **notice - noticed** |

• **notice** (n) 알아차림, 주목 / 안내문, 알림
• **notice + O + ~ing/pp/V** : O가 ~하는 것을 ~

| | | |
|---|---|---|
| 6 | (n) 알파벳, 문자 | **alphabet** |

| | | |
|---|---|---|
| 7 | (n) 암탉, 새의 암컷 | **hen** |

• **cock, rooster** (n) 수탉

| | | |
|---|---|---|
| 8 | (n) 애벌레, 유충 | **larva, caterpillar** |

| | | |
|---|---|---|
| 9 | (n) 애완동물 | **pet** |

• **pet dog** : 애완견

| | | |
|---|---|---|
| 10 | (v) 야단치다, 꾸짖다, 잔소리하다 | **scold - scolded** |

| | | |
|---|---|---|
| 11 | (n) 야망, 야심, 포부 | **ambition** |

• **ambitious** (a) 야심 있는, 포부가 큰

| | | |
|---|---|---|
| 12 | (a) 야생의, 사나운, 거친 | **wild ( be wild )** |

• **wild** (n) 야생의 자연
• **wild flower** : 야생화, 들꽃

| | | |
|---|---|---|
| 13 | (av) 약간, 어느 정도, 다소 | **a little, a bit, somewhat** |

| | | |
|---|---|---|
| 14 | (n) (만날) 약속 / 임명 | **appointment** |

• **make an appointment** : 만날 약속을 하다
• **appoint - appointed** (v) 임명하다, 지명하다

| | | |
|---|---|---|
| 15 | (n) (~한다는) 약속, 다짐 / 가능성, 징조 | **promise** |

• **promise to do** : ~하겠다는 약속, 다짐
• **make a promise** : 약속하다, 다짐하다

1. I <u>hesitated</u> to answer, not knowing whether to believe him or not.
- 그를 믿어야 할지 아닌지 몰라서 대답하기를 망설였다.

2. I <u>have set</u> five alarms on my cell phone, so as not to be late.
- 늦지 않으려고 내 핸드폰에 알람을 다섯 개나 맞춰뒀어.

3. She <u>was known</u> to her colleagues as a very meticulous person in her work.
- 그녀는 동료들에게 일에 있어서 아주 꼼꼼한 사람으로 정평이 나 있었지.

• meticulous
꼼꼼한

4. There <u>used to be</u> a gate through which we <u>could get</u> into the unknown world.
- 우리가 미지의 세계로 들어갈 수 있는 문이 있었지.

5. There <u>were</u> few people who <u>could notice</u> the wind changing its direction.
- 바람이 방향을 바꾸는 것을 알아차린 사람은 거의 없었다.

6. Korean alhpabet <u>has</u> the advantage of being easy to learn and use.
- 한글의 자모는 배워서 사용하기 쉽다는 장점이 있지요.

7. <u>Do</u> it as a hen <u>lays</u> eggs and <u>sits</u> on them, and a cat <u>tries</u> to catch a mouse.
- 그것을 마치 닭이 알을 낳고 품듯, 고양이가 쥐를 잡으려 애쓰듯이 하라.

8. There <u>are</u> times when I <u>wish</u> to be a caterpillar that <u>can become</u> a butterfly.
- 나비가 될 수 있는 애벌레가 되고 싶을 때가 있지요.

9. My kids also <u>have been pestering</u> me to allow them to keep a pet. But...
- 우리 집 애들도 애완동물을 기르게 해 달라고 저를 들들 볶고 있어요. 하지만...

• pester O to~
O에게 ~하라고 조르다

10. I <u>scolded</u> myself for not noticing that she <u>had been suffering</u> so much.
- 난 그녀가 그렇게 많이 괴로워하고 있었다는 걸 알아차리지 못한 것을 자책했다.

11. I <u>have never had</u> any ambition. But, as you <u>know</u>, I'<u>m</u> satisfied with my life.
- 어떤 야망을 품어본 적이 없어. 그래도 너도 알다시피 난 내 삶에 만족하잖아.

12. It also <u>made</u> us happy that we <u>could meet</u> beautiful wild flowers on the way.
- 도중에 아름다운 야생화를 만날 수 있었다는 것이 또한 우리를 행복하게 해 주었지요.

13. Their response <u>was</u> somewhat more favorable than we <u>expected</u>.
- 그들의 반응은 우리가 예상한 것보다는 다소 더욱 호의적이었습니다.

14. He <u>looked</u> a little excited, not knowing that the appointment <u>was cancelled</u>.
- 그는 약속이 취소되었다는 걸 모른 채로 약간 들떠있는 것 같았다.

15. For what reason <u>did</u> I <u>make</u> that kind of promise to them?
- 도대체 어쩌자고 게네한테 그런 약속을 한 걸까?

| 1 | (v) 약속, 다짐하다 / 가망이 있다 | **promise - promised** | • **promise to do** : ~하기로 약속하다<br>• **promise** (n) 약속, 징조, 조짐, 가능성, 장래성<br>• **promising** (a) 유망한, 장래가 촉망되는, 조짐이 좋은 |
| 2 | (v) 양보, 굴복하다 / (결과를) 내다, 내놓다, 가져오다 | **yield - yielded** | • **yield** (n) 생산량, 산출량, 이윤, 수익 |
| 3 | (n) 양심, 도덕심, 분별 | **conscience** | • **guilty conscience** : 양심의 가책<br>• **conscientious** (a) 양심적인 |
| 4 | (v) 어두워지다, 어둡게 하다 / 우울, 침울하게 하다 | **darken - darkened** | • **become / get dark** : 어두워지다 |
| 5 | (n) 어둠, 암흑 | **darkness, dark** | • **dark** (a) 어두운, 검은, 암울한 |
| 6 | (av) 어디, 어디에(도) / 어디든지, 아무 데나 | **anywhere** | anywhere는 의문문이나 부정문에서 '어디, 어디에도, 어디에서도'의 의미로 사용되고 긍정문에서는 '어디든, 아무 데나'의 의미로 사용됩니다. |
| 7 | (a) 어떤, 특정한 / 확실한, 확신하는 | **certain ( be certain )** | certain은 명사 앞에서 '어떤, 특정한'의 뜻으로 사용되고 주로 2형식동사의 보어로 '확실한, 확신하는'의 의미로 사용됩니다. |
| 8 | (a) 어려운, 힘든, 곤란한 | **difficult ( be difficult )** | • **difficulty** (n) 어려움, 역경, 곤란, 곤경 |
| 9 | (n) 어른, 성인 / 다 자란 동물, 성체 | **adult** | • **adult** (a) 어른의, 성인의, 성인용의, 성숙한<br>• **adulthood** (n) 성인임, 성인기, 성인 |
| 10 | (n) 어른들, 성인들 | **adults, grown-ups, elders** | • **grown-up** (a) 다 큰, 어른이 된<br>• **elder** (a) 나이가 더 많은, 연장자의 |
| 11 | (v) 어른거리다, 희미하게 빛나다 | **shimmer - shimmered** | • **shimmer** (n) 어른거리는 빛, 미광(glimmer) |
| 12 | (a) 어리석은, 바보 같은 | **foolish ( be foolish )** | • **fool** (n) 바보 |
| 13 | (n) 어부, 낚시꾼 | **fisherman (fishermen)** | |
| 14 | (a) 어색한, 불편한, 서툰 | **awkward ( be awkward )** | • **awkwardly** (a) 어색하게, 서툴게 |
| 15 | (v) (~와) 어울려 다니다 | **go around with ~, hang around with ~** | |

1. I <u>will go</u> with you if you <u>promise</u> not to drink.
   - 술 마시지 않는다고 약속하면 같이 갈게.

2. Finally he <u>yielded</u> to the temptation and ordered a bottle of soju.
   - 결국 그는 유혹에 굴복했고 소주 한 병을 주문하고 말았다.

   • temptation
   유혹

3. Whether you <u>tell</u> them the truth or not <u>is</u> a matter of conscience.
   - 네가 그들에게 진실을 말하느냐 마느냐는 양심의 문제다.

4. Your sunny mood <u>will darken</u> in a minute after the conditions <u>change</u>.
   - 당신의 밝은 기분도 상황이 조건이 바뀌면 순식간에 어두워지고 말지요.

5. Suddenly the electricity <u>went off</u> and we <u>were plunged</u> into darkness.
   - 갑자기 전기가 나갔고 우린 암흑 속에 빠져버렸다.

   • plunge
   뛰어들다, 빠지다

6. Satellites <u>enable</u> us to calculate the precise location anywhere in the world.
   - 인공위성은 세상의 어느 곳이건 정확한 위치를 계산할 수 있게 해줍니다.

7. Falsehood <u>is</u> excusable in certain circumstances.
   - 거짓말도 어떤 상황에서는 용서가 됩니다.

8. Furthermore, it <u>has gotten</u> more difficult to find people who <u>are willing to do</u> the job.
   - 더군다나, 이런 일을 하려는 사람들을 찾기가 더욱 어려워졌습니다.

   • furthermore
   게다가, 더구나

9. No adults could understand the little prince's drawing.
   - 어떤 어른도 어린왕자의 그림을 이해가지 못했다.

10. She <u>was living</u> there with her husband and three grown-up children.
    - 그녀는 자기 남편과 세 명의 다 큰 아이들과 살고 있었다.

11. He <u>said</u> "Just <u>sit</u> there and <u>see</u> the water shimmering in the moonlight".
    - 그가 말했다 "그냥 거기 앉아서 물결이 달빛에 어른거리는 걸 봐라."

12. I <u>had to do</u> something as I <u>didn't want</u> her to look foolish and be laughed at.
    - 난 그녀가 바보같이 보이고 비웃음당하는 걸 원치 않았기 때문에 뭐라도 해야 했다.

13. There <u>used to be</u> fishermen who <u>depend</u> on the lake for their livelihood.
    - 생계를 그 호수에 의지하는 어부들이 있었다.

    • livelihood
    생계, 생활, 살림

14. It <u>was</u> a little awkward at first, but soon the mood <u>lightened</u> up.
    - 처음에는 조금 어색했지만, 곧 분위기는 가벼워졌다.

15. I <u>know</u> guys who <u>were going</u> around with him.
    - 그와 어울려 다니던 얘들을 알아요.

| | | |
|---|---|---|
| 1 | (av) 어쨌든, 그래도, 게다가 | **anyway** |
| 2 | (n) 언어, 말 | **language** |

• **first/native language** : 모국어
• **second language** : 제1외국어
• **language barrier** : 언어장벽

| | | |
|---|---|---|
| 3 | (av) 언젠가, 언젠가는 | **sometime, someday** |

• **sometimes** : 때때로

| | | |
|---|---|---|
| 4 | (v) 얻다, 획득하다 | **gain - gained, get - got - gotten** |

일상생활에서는 gain보다 get을 주로 사용합니다.

| | | |
|---|---|---|
| 5 | (v) 얼굴(눈살)을 찌푸리다 | **frown - frowned** |

• **frown** (n) 찌푸림

| | | |
|---|---|---|
| 6 | (n) 얼룩 | **stain** |

• **stain - stained** (v) 얼룩지게 하다, 더럽히다, 착색하다
• **stainless** (a) 녹슬지 않는

| | | |
|---|---|---|
| 7 | (v) 얼리다, 얼다, 동결하다 | **freeze - froze - frozen** |

• **freeze** (n) 동결, 한파
• **freezing** (a) 어는, 혹한의, 냉담한
• **frozen** (a) 얼어붙은, 혹한의, 냉동의

| | | |
|---|---|---|
| 8 | (a) 엄한, 엄격한 | **strict ( be strict )** |

• **strictly** (av) 엄하게, 엄격하게

| | | |
|---|---|---|
| 9 | (v) (~에) 없다, 부재중이다, 떠나있다 | **be away** |

• **be away from home** : 집에 없다, 집을 떠나있다

| | | |
|---|---|---|
| 10 | (v) 없애다, 제거하다, 치우다 | **remove - removed** |

• **removal** (n) 제거
• **removable** (a) 제거할 수 있는

| | | |
|---|---|---|
| 11 | (n) 엉망, 엉망진창, 혼란 | **mess** |

• **mess up ~** : 엉망으로 만들다, 망쳐놓다
• **messy** (a) 엉망인, 지저분한

| | | |
|---|---|---|
| 12 | (n) 엘리베이터, 승강기 | **elevator, lift** |

• **elevate - elevated** (v) 들어 올리다, 높이다
• **lift - lifted** (v) 들어 올리다, 높이다

| | | |
|---|---|---|
| 13 | (av) 여기저기, 이리저리 | **here and there** |
| 14 | (v) 여기다, 생각하다, 고려하다 | **consider - considered** |

• **consider ~ing** : ~하는 것을 고려하다
• **consider + O +C** : O를 C라고 여기다, 생각하다

| | | |
|---|---|---|
| 15 | (av) 여러 번, 몇 번, 많이 | **many times, several times** |

**1** Anyway, I <u>think</u> going around with them <u>is</u> <u>not</u> good for you.
- 어쨌거나, 걔네와 어울려 다니는 건 네게 좋지 않은 것 같아.

**2** The matter <u>is</u> that the contract <u>is written</u> in a very obscure language.
- 문제는 그 계약서가 아주 모호한 말로 적혀있다는 거다.

• obscure
애매한, 모호한

**3** <u>Do</u> you <u>suppose</u> we <u>could get together</u> for a chat sometime tomorrow?
- 내일 언제쯤 이야기나 하러 만날 수 있을까요?

**4** So, I <u>could stay</u> there for years, gaining valuable experiences.
- 그래서, 나는 소중한 경험을 얻으며 몇 년간 거기 머무를 수 있었다.

**5** The woman <u>frowned</u> at him and <u>told</u> him to stop humming.
- 그 여자가 그에게 눈살을 찌푸리고는 그만 흥얼거리라고 말했다.

• hum-hummed
흥얼거리다

**6** I <u>couldn't</u> even <u>notice</u> my clothes being stained with sweat and dust.
- 나는 옷이 땀과 먼지로 더러워지고 있는 것도 알아채지 못했다.

**7** Running a thin stream of water <u>is going to keep</u> the pipe from freezing.
- 물을 조금 흘려보내는 것이 수도가 얼기 않게 해 줄 거야.

• keep A from ~ing
A가 ~못하게 하다

**8** My school <u>is not</u> very strict about the way students dress.
- 우리 학교는 학생들 옷 입는 방식에 대해서는 그리 엄격하지 않아.

**9** <u>Have</u> a great time while we are away.
- 우리가 없는 동안 좋은 시간 보내라.

**10** When not removed, plaque <u>causes</u> tooth decay and gum disease.
- 제거되지 않으면, 플라크는 충치나 잇몸병을 일으킵니다.

**11** I really <u>hate</u> spending time tidying up the mess after party.
- 파티 후 뒷처리하는데 시간을 쓰는 게 정말 싫어.

• tidy-tidied
정리, 정돈하다

**12** Sometimes, I <u>am</u> afraid of taking elevator.
- 가끔, 난 엘리베이터 타는 게 무서워.

**13** I <u>have heard</u> people talking about you here and there.
- 사람들이 여기저기서 너에 대해서 이야기하는 걸 들었어.

• penalty
벌금, 벌

**14** <u>Do</u> you <u>consider</u> it necessary to be stricter with the children?
- 아이들에게 더 엄해야 한다고 생각하시나요?

**15** She <u>read</u> the book so many times that she <u>could</u> almost <u>memorize</u> it.
- 그녀는 거의 외울 정도로 그 책을 여러 번 읽었다.

| | | |
|---|---|---|
| 1 | (v) 여행 중이다, 여행을 떠나다 | **be on a trip / journey** |
| 2 | (v) 여행하다, 이동하다 | **travel - travelled** |
| 3 | (v) 역할을 하다, 한몫하다 | **do/play a part, do/paly a role** |
| 4 | (v) 연결하다, 잇다 / 관계, 관련시키다 | **connect - connected** |
| 5 | (n) 연못 | **pond** |
| 6 | (v) 연습, 훈련하다, 실행, 실천하다, 행하다 | **practice - practiced** |
| 7 | (n) 연예인 | **entertainer** |
| 8 | (v) 연행되다 | **be taken** |
| 9 | (v) 열리다, 열다, 벌리다, 펼치다, 공개하다, 개설하다 | **open - opened** |
| 10 | (adv) 열심히, 부지런히, 힘들게 / 세게, 강하게 | **hard** |
| 11 | (n) 열정, 열성, 격정, 욕정, 애착 | **passion** |
| 12 | (n) 영웅, 주인공 | **hero** |
| 13 | (a) 영원한, 불멸의, 끝없는 | **eternal (be eternal)** |
| 14 | (adv) 영원히, 오랫동안, 죽, 영영 / 쉴 새 없이 | **forever** |
| 15 | (n) 영토, 지역 / 영역, 분야 | **territory** |

1.
- **go on a trip (journey)** : 여행하다
- **take, make a trip (journey)** : 여행하다
journey는 비교적 장거리 여행이나 여정을 뜻합니다.

2.
- **travel the world / abroad** : 세계를 / 해외 여행하다
- **travel by ~** : ~로 여행, 이동하다
- **travel** (n) 여행, 이동, 출장

3.
- **take a part/role** : 역할을 맡다

4.
- **connection** (n) 연결, 관련(성)

5.
- **well** (n) 우물
- **spring** (n) 샘

6.
- **practice** (n) 연습, 실행, 실천, 실습
- **do, take practice** : 연습하다

7.
- **entertain - entertained** (v) 접대하다, 즐겁게 하다
- **entertainment** (n) 접대, 오락, 유흥

8.
- **take** (v) 연행하다

9.
- **open** (a) 열린, 열려있는, 펼쳐진, 공개된, 솔직한

10.
- **hard** (a) 굳은, 단단한 / 힘든, 어려운 / 열심인, 부지런한
- **hardly** (adv) 거의 ~않다(아니다)

11.
- **arouse/stir passion** : 격정을 불러일으키다
- **with passion** : 열정을 가지고
- **passionate** (a) 열렬한, 열정적인, 격렬한

12.
- **heroine** : 여장부, 여걸, 여주인공

13.
- **eternity** (n) 불멸, 영원, 영겁
- **eternality** (n) 영원함, 끊임없음
- **eternalize - d** (v) 영원하게 하다, 불멸하게 하다

15.
- **territorial** (a) 영토의

**1** They <u>agreed</u> to accompany me on a trip to the island.
- 그들은 그 섬으로의 여행에 나와 동행하기로 했다.

• accompany-ied
동행, 동반하다

**2** I <u>would like to travel</u> by train instead of airplane on this trip.
- 이번 여행에는 비행기 대신 기차로 여행하고 싶어.

**3** He <u>was</u> also one of the people who <u>wanted</u> to play a part in the project.
- 그도 역시 그 프로젝트에서 한몫하고 싶어 하던 사람 중 하나였다.

**4** So, <u>do</u> you <u>think</u> it <u>is</u> money that <u>connects</u> us?
- 그래서, 너는 우리를 이어주는 것이 돈이라고 생각하는 거냐?

**5** She <u>wanted</u> a small pond in the garden where goldfish <u>could live</u>.
- 그녀는 정원에 금붕어가 살 수 있는 작은 연못을 원했다.

**6** <u>Practice</u> this until you <u>know</u> how to <u>get into</u> this position quickly.
- 재빨리 이 자세를 취할 수 있는 법을 터득할 때까지 이걸 연습해라.

**7** <u>Do</u> you <u>want</u> to remain one of the top entertainers of all time?
- 역대 최고 연예인의 한명으로 남고 싶으신가요?

• of all time
역대의

**8** After shooting Ito, An Jung-geun <u>was arrested</u> and <u>taken</u> by Russian MP.
- 이토를 저격한 후, 안중근은 러시아 헌병에 체포되어 연행되었다.

**9** I <u>warned</u> you not to open the bottle.
- 내가 그 병 따지 말라고 경고했지.

**10** Although you <u>become</u> rich, you <u>will</u> also <u>have to work</u> hard to keep what you have.
- 비록 부자가 되어도, 가진 걸 지키느라 열심히 일해야 할 겁니다.

**11** There <u>was</u> nothing to cool his passion for drawing.
- 그림에 대한 그의 열정을 식힐 수 있는 것은 아무것도 없었다.

**12** Many people <u>think of</u> him as a tragic hero who <u>has given</u> his life for others.
- 많은 이들이 그를 다른 이들을 위해 목숨을 바친 비극적 영웅으로 생각합니다.

• tragic
비극적인

**13** It <u>is</u> a eternal truth that there <u>is</u> nothing eternal in this world.
- 이 세상에는 영원한 것은 없다는 것이 영원한 진리지요.

**14** She <u>was</u> afraid that she <u>would be forgotten</u> forever.
- 그녀는 영영 잊혀질지 모른다는 것이 두려웠다.

**15** Many animals <u>will attack</u> other animals that <u>enter</u> their territory.
- 대부분 동물은 자신의 영역에 들어오는 다른 동물을 공격하려 합니다.

| # | 뜻 | 단어 | 파생·예문 |
|---|---|---|---|
| 1 | (n) 영향, 결과, 효과 | **effect** | • **effective** (a) 효과적인, 능률적인, 유효한<br>• **visual/green house effect** : 시각/온실 효과<br>• **side effect** : 부작용 |
| 2 | (n) 영혼, 혼, 넋, 마음, 정신 / 인물 | **soul, spirit** | • **soul mate** : 마음의 벗<br>• **with heart and soul** : 성심성의, 지성으로 |
| 3 | (v) 예매하다, 기록, 등록하다 | **book - booked** | • **booking** : 예약, 장부 기입 |
| 4 | (v) 예상하다, 기대하다, 바라다 / 임신 중이다 | **expect - expected** | • **expectation** (n) 예상<br>• **expect + O + to do** : O가 ~하길 기대, 예상하다 |
| 5 | (a) 예상 밖의, 예기치 않은, 뜻밖의 | **unexpected** | |
| 6 | (v) 예언하다, 예고하다, 전조가 되다 | **foretell - foretold** | • **predict - predicted** : 예언, 예측, 전망하다<br>• **forecast - forecasted** : 예상, 예측, 전망하다<br>• **foresee - foresaw - foreseen** : 예감, 예견하다 |
| 7 | (n) 예외 | **exception** | • **except ~** (p) ~를 제외하고, ~는 예외로 하고<br>• **exceptional** (a) 예외적인<br>• **without exception** : 예외 없이 |
| 8 | (v) 오다, 가다, 이르다 / (상태가)되다 | **come - came - come** | |
| 9 | (avd) 오래, 오랫동안, 길게 | **long** | • **long** (a) 긴 • **length** (n) 길이, 거리, 기간<br>• **long time** : 오랫동안<br>• **a long time ago** : 오래 전에 |
| 10 | (adv) 오르다, 올라가다 | **climb - climbed** | • **climbing** (n) 등산, 등반 |
| 11 | (n) 오른쪽, 오파 / 왼쪽, 좌파 | **the right / the left** | • **right** (a) 오른쪽의, 오른, 바른<br>• **left** (a) 왼쪽의, 좌익의 |
| 12 | (n) 오솔길, 좁은 길 / 통로, 진로 | **path** | • **flight / cycle path** : 비행 경로 / 자전거 길 |
| 13 | (v) 오염시키다, 더럽히다 | **pollute - polluted** | • **pollution** (n) 오염<br>• **pollutant** (n) 오염물질, 오염원 |
| 14 | (n) 오전, 아침 | **morning** | • **early in the morning** : 아침 일찍<br>• **from morning till night** : 아침부터 밤까지 |
| 15 | (adv) 오직, 오로지, 단지 / 바로, 겨우 | **only** | • **only** (a) 유일한, ~만 |

1. I **have been taking** these pills for three days, but so far they **have had** no effect.
   - 이 약을 삼일동안 먹었지만, 지금까지 효과가 없어.

2. I **loved** her with all my heart and soul.
   - 진정으로 그녀를 사랑했습니다.

3. I **forgot** to book tickets online in advance. **Can** I **buy** tickets on the spot?
   - 미리 온라인으로 표를 예매하는 걸 잊어버렸어. 현장에서 표를 살 수 있을까?

4. She **may expect** me to confess that I **was** wrong, but I **can't tell** a lie.
   - 그녀는 내가 틀렸다고 인정하길 기대할지도 모르지만, 난 거짓말을 할 수는 없다.

   • confess - ed
   고백, 자백, 실토하다

5. It **was** the most unexpected news no one **could** possibly **imagined**.
   - 그것은 아무도 상상하지 못할 법한 가장 뜻밖의 소식이었다.

6. No one **can foretell** your future, but your present behaviors **can**.
   - 아무도 당신의 미래를 예언할 수 없지만, 당신의 현재의 행위들은 할 수 있지요.

   • present
   현재의

7. With the exception of this entrance, the fire **consumed** the entire building.
   - 이 입구를 제외하고, 그 불은 전체 건물을 태웠다.

   • entrance
   입구
   • consume-d
   소모, 소비하다,
   전소시키다

8. **Do** you **expect** me to remember all the visitors who came to the party?
   - 파티에온 손님 모두를 기억할 거라 기대하는 겁니까?

9. I **stood** there for a long time, watching her walking away into the people.
   - 그녀가 인파 속으로 사라져가는 걸 지켜보면서, 나는 오랫동안 거기에 서 있었다.

10. Ivy **was climbing** up the high cement wall that we just **had been looking** at.
    - 담쟁이덩굴은 우리가 그저 바라만 보던 그 높은 시맨트 담장을 기어오르고 있었다.

11. Always **remember** that a bird **flies** with two wings, the right and the left.
    - 새는 좌, 우의 두 날개로 난다는 것을 늘 기억하세요.

12. My elder sister **was whistling** cheerfully as she **came up** the path.
    - 언니는 오솔길을 올라가면서 기본 좋게 휘파람을 불어댔다.

13. Not only **do** microplastics **pollute** our environment, but they also **pollute** our bodies.
    - 미세플라스틱은 우리의 환경뿐만 아니라 우리의 몸도 오염시킵니다.

14. We **use** the Internet and various smart devices every day, from morning till night.
    - 우리는 아침부터 밤까지 매일 인터넷과 다양한 스마트 기기들을 사용하지요.

    • device
    장치, 기기

15. I only **did** it because I **thought** you **wanted** me to do so.
    - 난 오직 네가 내가 그렇게 하길 원한다고 생각해서 그걸 했어.

| 1 | (v) 오해하다, 잘못 해석(생각)하다 | misunderstand - misuderstood | • misunderstanding (n) 오해, 갈등 |
| 2 | (adv) 오히려, 차라리 / 좀, 약간, 꽤 | rather | • would rather ~ : 차라리 ~하겠다<br>• rather than ~ : ~보다는 (차라리) |
| 3 | (a) 온 ~, 모든 ~, 전 ~,<br>한 덩어리의, 온전한 | whole | • whole (adv) 아주, 완전히, 통째로, 전부<br>• whole time/day : 내내, 시종 / 종일 |
| 4 | (n) 온기, 온정, 따뜻함 | warmth | • warm (a) 따뜻한<br>• warmly (adv) 따뜻하게, 열렬히<br>• with warmth : 따뜻하게 |
| 5 | (n) 온도, 기온 | temperature | • temperature rises, soars / falls, drops<br>: 기온이 오르다, 치솟다/떨어지다<br>• raise/lower temperature : 온도를 올리다/낮추다 |
| 6 | (a) 온화한, 따뜻한, 순한,<br>심하지 않은 | mild ( be mild ) | • mild climate/answer/sauce/complaint<br>: 온화한 기후/대답 /순한 소스/가벼운 불만 |
| 7 | (v) 올리다, 들다 / 높이다 / 기르<br>다 / 일으키다 | raise - raised | • rise : 증가하다, 오르다, 일어나다<br>- rise 는 자동사 raise 는 타동사입니다. |
| 8 | (n) 올빼미, 부엉이 | owl | • night owl : 저녁형 인간, 올빼미 같은 사람 |
| 9 | (v) 옮기다, 움직이다, 이동하다,<br>이사하다, 행동하다 | move - moved | • movement (n) 움직임, 운동, 동작, 이동, 변화<br>• movable (a) 이동가능한<br>• remove - d (v) 치우다, 없애다, 제거하다, 벗다 |
| 10 | (a) 옳은, 바른, 맞는, 제대로 된<br>/ 오른쪽의, 우측의 | right ( be right) | • right (n) 권리, 권한 / 오른쪽 / 우익, 우파<br>• right (adv) 정확히, 바로, 곧바로, 옳게, 제대로, 오른쪽으로 |
| 11 | (a) 옳지 않은, 나쁜, 잘못된, 틀린 | wrong ( be wrong), unjust ( be unjust) | |
| 12 | (a) 완벽한, 완전한 | perfect ( be perfect ) | • perfect - ed (v) 완전하게 하다, 완성, 완료하다<br>• perfection (n) 완벽, 완성<br>• perfectionist (n) 완벽주의자 |
| 13 | (v) 왕따시키다, 괴롭히다,<br>협박하다 | bully - bullied | • bully O into ~ing : O를 협박해서 ~하게 하다<br>• bully (n) 괴롭히는 사람, 불량배<br>• bullying (n) 왕따시키기, 따돌림, 괴롭힘 |
| 14 | (n) 외계 생명체 | alien life, alien being | • alien (a) 외국의, 외계의, 이질적인<br>　　　 (n) 외국인, 이방인, 외계인 |
| 15 | (a) 외로운, 고독한, 쓸쓸한 | lonely, lonesome | |

1. **Don't misunderstand** the reason you <u>were dropped</u> from the list.
- 네가 명단에서 탈락한 이유를 오해하지 마라.

• drop from ~
~에서 탈락, 제외되다

2. I <u>had</u> a quite busy day and <u>was</u> rather <u>tired</u> at that time.
- 꽤 바쁜 날이었고 그때는 좀 지쳐있었다.

3. I <u>was</u> so <u>frightened</u> at the sight that my whole body <u>was shaking</u>.
- 그 광경에 너무 겁을 먹어서 온몸이 떨리고 있었다.

• frightened
겁먹은, 무서워하는

4. <u>Are</u> you ready to look at things with sensitivity and warmth?
- 당신은 섬세함과 온정을 가지고 사물들을 볼 준비가 되었나요?

• sensitivity
섬세함, 감수성, 민감

5. Fats <u>are</u> solid, but oil <u>is</u> liquid at room temperature.
- 상온에서 지방은 고체상태이지만, 기름은 액체 상태입니다.

• room temperatrue
상온(평상시 온도)

6. As I <u>know</u>, my brother <u>is</u> a mild boy who rarely <u>raises</u> his voice.
- 내가 아는 바로는, 내 동생은 목소리도 높이지 않는 온순한 아입니다.

7. Universities <u>are working</u> hard to raise the number of students from high schools.
- 대학들은 고등학교에서 입학하는 학생 수를 늘리려고 애쓰고 있습니다.

8. Night owls <u>are</u> people who <u>like</u> to stay up late and <u>are</u> more alert in the evening.
- 저녁형 인간이란 늦게까지 깨어있기 좋아하고 저녁에 더 초롱초롱한 사람을 뜻하지요.

• alert
기민한, 초롱초롱한

9. Her dad <u>was</u> a career soldier, so her family <u>moved</u> a lot.
- 그녀의 아버지께서 직업군인이셨고, 그래서 그녀의 가족은 이사를 많이 다녔다.

10. <u>Do</u> the right thing.
- 옳은 일을 해라.

11. <u>Do</u> you <u>feel</u> like there's something wrong with me?
- 나한테 뭔가 잘못된 게 있다고 느끼는 건가요?

12. Now, I <u>know</u> why people <u>say</u> that fall <u>is</u> the perfect season for falling in love.
- 이제 알 것 같다. 왜 사람들이 가을은 사랑에 빠지기에 완벽한 계절이라 말하는지.

13. When we <u>were living</u> in the same apartment, he <u>bullied</u> me into giving him money.
- 우리가 같은 아파트에 살 때, 그는 나를 괴롭혀서 돈을 주도록 했다.

14. Or, we, human beings, <u>will become</u> slaves of technologically advanced alien beings.
- 혹은, 우리 인간이 기술적으로 진보한 외계 생명체의 노예가 될지도 모르지요.

• advanced
진보된, 선진의

15. I <u>felt</u> very lonely when I first <u>arrived</u> in Seoul, being away from my family.
- 가족과 떨어져 서울에 처음 도착했을 때 아주 외로웠다.

| | | |
|---|---|---|
| 1 | (v) 외면, 무시하다, 못 본 체하다 | **ignore - ignored** |

- **ignorance** (n) 무지, 무식, 생소함
- **ignorant** (a) 무식한, 모르는, 생소한

| | | |
|---|---|---|
| 2 | (n) 외모, 외관, 생김새, 겉보기 | **appearance, looks** |

- **appear - appeared** (v) ~해(처럼) 보이다 / 나타나다
- **look - looked** (v) ~해(처럼) 보이다 / 보다

| | | |
|---|---|---|
| 3 | (v) 외박하다 | **stay out / sleep out** |

- **eat out** : 외식하다
- **break out** : 발생, 발발하다, 탈옥하다
- **hand out** : 나눠주다, 분배하다

| | | |
|---|---|---|
| 4 | (v) 외우다, 기억, 암기하다 | **memorize - memorized** |

- **learn by heart** : 외우다, 암기하다
- **memory** (n) 기억, 추억, 메모리
- **memorial** (a) 기념의, 추모의

| | | |
|---|---|---|
| 5 | (n) 외침, 고함 | **cry, outcry, shout, yell** |

- **cry for help** : 도와달라는 외침

| | | |
|---|---|---|
| 6 | (a) 외향적인, 사교적인 | **outgoing ( be outgoing )** |

- **introvert, shy, timid** (a) 내성적인, 소심한

| | | |
|---|---|---|
| 7 | (n) 요술 냄비 | **magic pot** |

| | | |
|---|---|---|
| 8 | (adv) 요즘, 오늘날, 최근 | **these days, nowadays** |

| | | |
|---|---|---|
| 9 | (v) 요청, 부탁하다, 묻다, 질문하다 | **ask - asked** |

- **ask + O + to do** : O에게 ~해달라고 요청, 부탁하다
- **ask to do** : ~할 것을 요청, 부탁하다
- **ask for ~** : ~을 청하다, 요청하다

| | | |
|---|---|---|
| 10 | (n) 욕구, 욕망, 갈망 | **desire** |

- **desire - desired** (v) 바라다, 원하다
- **desirable** (a) 바람직한
- **undesirable** (a) 바람직하지 못한

| | | |
|---|---|---|
| 11 | (n) 욕심, 탐욕 / 식탐 | **greed** |

- **greed for ~** : ~을 향한 욕심, 탐욕
- **greedy** (a) 탐욕스러운, 욕심 많은

| | | |
|---|---|---|
| 12 | (v) 욕하다, 악담하다 / 맹세하다 | **swear - swore - sworen** |

- **swear at ~** : ~에게 욕하다, 악담하다
- **swear that ~ / to do ~** : ~할 것을 맹세하다
- **swear** (n) 욕설, 악담, 저주

| | | |
|---|---|---|
| 13 | (n) 용 | **dragon** |

| | | |
|---|---|---|
| 14 | (a) 용감한, 용기있는 | **brave, courageous** |

- **bravery** (n) 용기, 용감, 용맹
- **courage** (n) 용기, 용감, 용맹

| | | |
|---|---|---|
| 15 | (v) 용기, 자신감을 주다, ~하도록 격려, 장려하다 | **encourage - encouraged** |

- **encourage + O + to do** : O가 ~하도록 격려하다
- **discourage - d** (v) 낙담, 단념, 좌절시키다

1. Some students <u>made</u> rude noise, but the teacher <u>seemed to decide</u> to ignore.
   - 어떤 학생들은 떠들어 댔지만, 선생님은 무시하기로 한 것 같았다.

2. We must <u>teach</u> kids not to judge people by their outward appearances.
   - 아이들에게 외모로 사람을 평가하지 않도록 가르쳐야 합니다.

   • outward
   외형의, 겉보기의

3. That <u>was</u> the first time I <u>stayed</u> out overnight.
   - 내가 외박한 건 처음이었다.

   • overnight
   하룻밤 동안, 밤사이

4. I <u>wondered</u> how teachers <u>memorized</u> all of our names so quickly.
   - 선생님들은 우리 이름을 어떻게 그렇게 빨리 외우시는지 궁금했다.

5. The dog <u>started</u> to bark, on hearing a child's cry for help coming from the river.
   - 그 개는 강에서 들려오는 어떤 아이의 도와달라는 외침을 듣자 짖어대기 시작했다.

6. Some of them <u>remembered</u> her as an outgoing person, but others as an introvert one.
   - 그들 중 몇몇은 그녀를 외향적인 사람으로 기억했으나, 다른 사람들은 내성적인 사람으로 기억했다.

7. She <u>was</u> so happy that she <u>ran</u> all the way home with the magic pot.
   - 소녀는 아주 기뻐서 요술 냄비를 가지고 집까지 줄곧 달려왔다.

   • all the way
   줄곧, 내내

8. These days, global warming <u>is becoming</u> not only a serious threat, but a reality.
   - 요즘, 지구 온난화는 우리에게 심각한 위협이 되고 있을 뿐 아니라 현실이 되고 있지요.

9. <u>Is</u> there anyone you <u>can ask</u> to water the plants while you <u>are</u> away?
   - 집을 떠나있는 동안 식물에 물을 주도록 부탁할 사람이 있나요?

10. In her eyes, I <u>read</u> her strong desire to be a good singer.
    - 그녀의 눈에서 나는 좋은 가수가 되고 싶은 그녀의 욕망을 읽었지.

    • desire to do
    ~하려는 욕구, 욕망

11. It <u>is</u> never easy to be a person who can <u>control</u> his desires and greed.
    - 자신의 욕망과 탐욕을 조절할 수 있는 사람이 된다는 것은 결코 쉽지 않습니다.

12. I <u>have never</u> heard her swear.
    - 나는 그녀가 욕하는 걸 들어본 적이 없습니다.

13. A dragon <u>is</u> a large imaginary animal that <u>can fly</u> and <u>breathe out</u> fire.
    - 용은 날 수 있고 불을 내 뿜을 수도 있는 거대한 상상의 동물이지요.

    • breathe out
    내 뿜다

14. I <u>was not</u> sure if she <u>was being</u> brave or stupid.
    - 그녀가 용감한 건지 멍청한 건지 잘 모르겠더라.

15. My teacher always <u>tries</u> to look for ways to encourage students.
    - 저희 선생님은 늘 학생들에게 자신감을 심어줄 수 있는 방법을 찾으려고 애쓰십니다.

| | | |
|---|---|---|
| 1 | (n) 용돈(pocket money), 수당, 비용 / 허가, 허락 | **allowance** |
| 2 | (v) 용서하다, 면제해 주다 | **forgive - forgave - forgiven** |
| 3 | (adv) 우연히, 뜻밖에 | **by chance, by accident** |
| 4 | (v) 우연히 듣다, 엿듣다 | **overhear - overheard** |
| 5 | (n) 우주 | **space, universe, cosmos** |
| 6 | (v) 운동, 연습, 훈련 시키다(하다) / 발휘하다, (권리, 권력을)행사하다 | **exercise - exercised** |
| 7 | (n) 운동화 | **sneakers, sports shoes** |
| 8 | (n) 운명, 숙명, 팔자 | **destiny, fate** |
| 9 | (v) 운반하다, 나르다, 옮기다 / 지니다, 휴대하다, 수반하다 | **carry - carried** |
| 10 | (v) 울다, 외치다, 소리치다 | **cry - cried** |
| 11 | (v) 울리다, 울려 퍼지다, 메아리 치다 | **echo - echoed** |
| 12 | (v) (전화, 종, 등이)울리다, 전화하다 | **ring - rang - rung** |
| 13 | (a) 울적한, 우울한 | **melancholy, gloomy, moody, depressed, blue** |
| 14 | (a) 웃기는, 우스운, 재미있는 | **funny ( be funny )** |
| 15 | (v) 웃다 | **laugh - laughed** |

1.
- **allow - allowed** (v) 허락, 허가, 허용, 승인하다
- **get an allowance** : 용돈타다

2.
- **forgiveness** (n) 용서, 면제
- **forgiving** (a) 관대한, 너그러운

3.
- **by design** : 고의로, 계획적으로, 일부러

5.
- **universe** 는 전체 우주를 **space** 는 지구 밖의 공간을, **cosmos** 는 하나의 질서에 의한 우주를 뜻합니다.

6.
- **exercise** (n) 운동, 연습, 훈련 / 발휘, 행사
- **regular exercise**: 규칙적인 운동, 연습

8.
- **be destined / fated to do** : ~할 운명이다
- **destination** (n) 목적지

9.
- **carry out** : 수행하다, 이행, 실시하다
- **carry on** : 계속하다

10.
- **cry out** : 소리치다, 외치다
- **cry for** : ~을 (간절히) 구하다, 요구하다
- **feel like crying** : 울고 싶은 기분이다

11.
- **echo** (n) 메아리, 반향, 울림 / 되풀이, 모방

12.
- **ring** (n) 종소리, 반지, 고리, 원형, 링

15.
- **laugh, laughter** (n) 웃음, 웃음소리
- **laugh at ~** : ~을 비웃다, 깔보다, 우습게 생각하다
- **laugh off ~** : ~을 웃어 넘기다

**1**   Mom <u>gave</u> me a weekly allowance if I <u>helped</u> with housekeeping.
- 엄마는 집안일을 도와주면 일주일마다 용돈을 주셨다.

**2**   Deep compassion <u>will allow</u> you to forgive anyone in this world.
- 깊은 동정심은 당신이 이 세상 누구라도 용서할 수 있도록 해줍니다.

• compassion
연민, 동정

**3**   I <u>began</u> to suspect that we <u>met</u> not by chance, but he <u>approached</u> me by design.
- 나는 우리가 우연히 만난 게 아니라 그가 일부러 내게 접근한 게 아닐가 의심하기 시작했다.

• suspect - ed
의심하다

**4**   They <u>moved</u> to another room and <u>closed</u> the door in order not to be overheard.
- 그들은 엿듣지 않도록 다른 방으로 옮겨 문을 닫았다.

**5**   Space junk <u>is</u> any piece of machinery or debris left by humans in space.
- 우주 쓰레기란 인간에 의해 우주에 남겨진 잔해 또는 기계류의 조각을 뜻합니다.

• debris
잔해, 파편, 쓰레기

**6**   You <u>will find</u> it really hard to drag yourself out and exercise regularly.
- 자신을 밖으로 끌고 나와서 규칙적으로 운동한다는 것이 정말 어렵다는 것을 알게 될 겁니다.

• drag - dragged
끌다, 끌고 가다

**7**   Whistling cheerfully, the boy <u>was tying</u> his new sneakers at the stairs.
- 신나게 휘파람을 불면서, 소년은 계단에서 새 운동화 끈을 묶고 있었다.

**8**   He <u>may have felt</u> it his destiny to write what he saw there.
- 그는 아마도 그가 거기서 본 것을 글로 쓰는 것을 그의 숙명으로 느꼈는지도 모릅니다.

**9**   <u>Use</u> the cart. You <u>can carry</u> all your baggage at a time.
- 카트를 이용해. 짐을 모두 한 번에 옮길 수 있어.

• baggage
짐, 수하물, 가방

**10**   And when I <u>feel</u> that way, even the smallest act of kindness <u>can make</u> me cry.
- 그리고 내가 그렇게 느낄 때는, 작은친절 조차 나를 울게 할 수 있어요.

**11**   The room <u>was</u> empty, and every smallest noise we <u>made echoed</u>.
- 그 방은 텅 비어서 우리가 내는 모든 작은 소리가 울렸다.

**12**   After forth class, all of us <u>used to run</u> to the cafeteria as soon as the bell <u>rang</u>.
- 4교시가 끝나면, 우리는 모두 종이 울리자마자 식당으로 달려가곤 했지.

**13**   At night, the only sounds <u>were</u> the distant, melancholy cries of owl and wind.
- 밤이 되자, 유일하게 들리는 소리는 멀리서 들리는 우울한 올빼미와 바람의 울음뿐이었다.

**14**   He <u>is</u> a quiet person usually, but <u>becomes</u> pretty funny when he <u>has</u> a few drinks.
- 그는 평소에는 조용한 사람이지만, 술을 몇 잔 마시면 꽤 재미있어진다.

**15**   Reading the text, we <u>looked at</u> each other and <u>burst out</u> laughing.
- 그 문자를 읽고, 우리는 서로를 쳐다보고는 웃음을 터뜨렸다.

• burst out ~ing
~을 터뜨리다

| | | |
|---|---|---|
| 1 | (n) 원어민 | **native speaker** |

• **native speaker of ~** 는 "~을 모국어로 하는 사람"을 뜻합니다. 우리는 영어를 모국어로 하는 사람의 뜻으로 사용하지요. 원래는 **native speaker of English** 가 맞겠지요.

| | | |
|---|---|---|
| 2 | (v) 원하다, 바라다, 하고싶어하다 | **want - wanted** |

• **want + O + to do** : O가 ~하길 원하다, 바라다

| | | |
|---|---|---|
| 3 | (adv) ~을 위한 것이다, ~용이다 / ~에 해당한다 | **be for ~** |

• **be for fun/sale** : 재미/판매를 위한 것이다

| | | |
|---|---|---|
| 4 | (n) 위험, 위협 | **danger** |

• **be in/out of danger** : 위험에 처하다/벗어나다
• **endanger - endangered** (v) 위험에 빠드리다
• **endangered** (a) (멸종) 위기에 처한, 위험한

| | | |
|---|---|---|
| 5 | (a) 위험한, 유해한 | **dangerous, risky, hazardous** |

• **risk** (n) 위험
• **hazard** (n) 위험

| | | |
|---|---|---|
| 6 | (n) 유머, 해학, 익살, 유머 감각 | **humor** |

• **a sense of humor** : 유머 감각
• **humorous** (a) 유머러스한, 유머가 풍부한, 익살스러운
• **humorless** (a) 유머(감각이) 없는

| | | |
|---|---|---|
| 7 | (n) 유명인, 연예인, 명사 / 명성(fame) | **celebrity** |

• **celebrate - celebrated** (v) 축하, 기념, 경축하다

| | | |
|---|---|---|
| 8 | (a) 유명한, 명성있는, 이름난 | **famous ( be famous )** |

• **be famous for/as ~** : ~로/~로써 유명하다
• **infamous** (a) 평판이 나쁜, 악명 높은
• **fame** (n) 명성

| | | |
|---|---|---|
| 9 | (n) 유성우 | **meteor shower** |

| | | |
|---|---|---|
| 10 | (n) 유자차 | **citron tea, yuja tea** |

• **ginger tea** : 생강차
• **jujube tea** : 대추차
• **barley tea** : 보리차

| | | |
|---|---|---|
| 11 | (a) 유창한, 거침없는, 말 잘하는 | **fluent ( be fluent )** |

• **fluency** (n) 유창함, 달변
• **fluently** (adv) 유창하게

| | | |
|---|---|---|
| 12 | (v) 으르렁거리다, 으르렁거리듯 말하다, 화난 목소리로 말하다 | **growl - growled** |

• **growl** (n) 으르렁거리는 소리

| | | |
|---|---|---|
| 13 | (n) 음료수, 청량음료 | **soft drink** |

• **soft-drink dispenser** : 음료수 자판기

| | | |
|---|---|---|
| 14 | (v) 의도하다, 꾀하다, ~할 작정이다, ~할 생각이다 | **intend - intended** |

• **intention** (n) 의도, 의향
• **intended** (a) 의도된, 계획된, 고의의
• **unintended** (a) 의도치 않은, 뜻밖의

| | | |
|---|---|---|
| 15 | (n) 의미하다, 뜻하다, ~할 작정이다, ~할 생각이다 | **mean - meant - meant** |

• **meaning** (n) 의미 • **meaningful** (a) 의미 있는
• **means** (n) 수단, 방법 • **mean** (a) 천한, 비열한, 인색한

**1** Even native speakers **don't** always **speak** in grammatically correct sentences.
- 원어민조차도 문법적으로 정확한 문장으로 말하는 것은 아닙니다.

• grammatically
문법적으로

**2** Just **tell** me what you **want** me to do here.
- 그냥 내가 여기서 하길 바라는 게 뭔지 말해줘.

**3** The doors **are** for purely decorative purpose and do not open or close.
- 저 문들은 단순히 장식 목적이고 열고 닫히지 않아요.

**4** Local universities **are** in danger of closing because of population decrease.
- 지방대학이 인구감소에 따른 폐교 위기에 처해있습니다.

**5** **Are** you sure the paint they**'re using is not** dangerous to people?
- 사람들이 사용하고 있는 페인트가 사람에게 유해하지 않다는 게 확실한가요?

**6** He **attacks** politicians with the one weapon they **don't have**, a sense of humor.
- 그는 정치인들이 가지지 못한, 유며 감각이라는 하나의 무기로 그들을 공격합니다.

• politician
정치인

**7** As a result, I **became** a celebrity, which I **never intended**.
- 결국, 저는 유명 인사가 되었지만, 그건 내가 의도한 것은 아닙니다.

**8** Mt. Juwang **is** also very famous for the glorious tints of its autumn leaves.
- 주왕산은 또한 화려한 가을 단풍으로 유명합니다.

• glorious
영광스런, 화려한
• tint
색조, 빛깔

**9** I **have heard** that the meteor shower **will peak** around12;30 a.m. this Friday.
- 유성우는 이번 금요일 새벽 12시 30분쯤 절정에 이를 거라고 들었다.

**10** Yuja tea **is** famous in Korea for helping to prevent winter coughs and colds.
- 유자차는 한국에서 겨울 기침과 감기를 예방하는 것을 돕는 것으로 알려져 있습니다.

• prevent - ed
예방하다, 방지하다

**11** Emile, my new French neighbor, **was** very fluent in Korean.
- 새로 이사 온 프랑스인 이웃인 애밀은 한국어가 아주 유창했다.

**12** I **couldn't move** at all because the dog **growled** at me, exposing its teeth.
- 그 개가 이빨을 드러내며 내게 으르렁거려서 나는 전혀 움직일 수 없었다.

• expose - d
드러내다, 폭로하다

**13** Energy drinks **are** similar to soft drinks, but **contain** more caffeine.
- 에너지 음료는 청량음료와 비슷하지만, 더 많은 카페인을 함유하고 있다.

• contain - ed
들어있다, 함유하다

**14** I **feel** that you **intend** to leave us again soon.
- 당신이 곧 다시 우리를 떠나려 한다는 게 느껴지네요.

**15** I **thought** you **were** also well aware of what I **meant** to do there.
- 너 역시 내가 거기서 무엇을 하려 하는지 잘 알고 있다고 생각했다.

• be aware of ~
~을 알고 있다

| # | | | |
|---|---|---|---|
| 1 | (v) 의사소통하다, 대화, 소통하다, 전하다 / (병을) 전염시키다 | **communicate - communicated** | • communication (n) 소통, 대화 |
| 2 | (v) 의지, 의존하다, ~에 달려있다 / 믿다, 신뢰하다 | **depend on - depended on** | • dependence (n) 의존, 종속<br>• independence (n) 독립, 자립 |
| 3 | (v) 이 닦다, 양치질하다 | **brush teeth** | • brush - ed (v) 솔질하다, 털다, 닦다, 스치다 |
| 4 | (v) 이기다, 얻다, 획득, 도달하다 | **win - won - won** | • win a race/competition/election<br>: 경기/대회/선거에서 이기다<br>• win by 10 points : 10점 차로 이기다 |
| 5 | (a) 이기적인 | **selfish ( be selfish )** | • selfishness (n) 이기심<br>• selfish behavior : 이기적인 행동 |
| 6 | (a) 이른, 초기의 (adv) 일찍, 최기에 | **early ( be early )** | • early morning/spring : 이른 아침/봄<br>• in early twenties/forties: 20대/40대 초<br>• early next year : 내년 초에 |
| 7 | (a) 이름 없는, 알려지지 않은 | **unknown ( be unknown )** | • unknown (n) 미지의 것, 알려지지 않은 사람<br>• unknown cause : 원인 불명 |
| 8 | (v) 이름 짓다, ~라 명명하다, 부르다, 이름 대다 / 지명, 임명하다 | **name - named** | • be named after ~ : ~을 따서 이름 지어지다<br>• a man named ~ : ~라 불리는 남자 |
| 9 | (a) ~이상이다 / 끝나다 | **be over** | |
| 10 | (a) 이상한, 기묘한 / 낯선, 생소한, 잘 모르는 | **strange ( be strange )** | • stranger (n) 낯선 사람, 이방인<br>• strangely (adv) 이상하게 |
| 11 | (n) 이유, 원인 / 이성, 판단력 | **reason** | • reason for ~ : ~의 이유<br>• reason to do : ~해야 하는, 할 만한 이유<br>• reasonable (a) 합리적인, 합당한 |
| 12 | (v) 이해하다, 알아 듣다 | **understand - understood** | • understanding (n) 이해, 이해력, 납득<br>• misunderstand (v) 오해하다 |
| 13 | (a) 익숙한, 친숙한, 알고있는 | **familiar ( be familiar )** | • be familiar with ~ : ~에 익숙한, 친숙한<br>• unfamiliar (a) 낯선, 익숙하지 않은 |
| 14 | (v) ~에 익숙해지다, 적응하다 | **get used / familiar to ~** | • be used to ~ : ~에 익숙하다 |
| 15 | (n) 인간, 사람 | **human** | • human being : 인간, 사람, 인류<br>• humanity (n) 인류, 인간성<br>• humane (a) 인도적인 |

**1** A good leader <u>must be</u> good at communicating with other members.
- 훌륭한 리더는 다른 구성원들과 의사소통에 능숙해야만 합니다.

**2** Everything in the universe <u>depends</u> on stars to make the atoms it is made of.
- 우주의 모든 것은 그것을 구성하는 원자를 만들기 위해서 별에 의존합니다.

**3** Why <u>is</u> it important to brush your teeth right after a meal?
- 식사하고 바로 양치질하는 것이 왜 중요할까요?

**4** "I <u>have never won</u> an argument with my wife." he said.
- "아내와의 언쟁에서 이겨본 적이 없어요." 그가 말했다.

**5** I <u>could neither understand nor get used to</u> his selfish and idiotic behaviors.
- 나는 그의 이기적이고 덜떨어진 행동들을 이해할 수도 익숙해질 수도 없었다.

• idiotic
덜떨어진, 바보같은

**6** Early detection of cancer <u>improves</u> the chances of survival.
- 암의 조기 발견은 생존율을 높인다.

• detection
발견, 탐지

**7** There <u>are</u> still a great many unknown insect species in the world.
- 세상에는 여전히 알려지지 않은 많은 종류의 곤충이 있습니다.

**8** <u>Have</u> you <u>named</u> your baby yet?
- 아기 이름은 지었나요?

**9** Every one in the village <u>was longing</u> for the winter to be over.
- 마을 사람들 누구나 그 겨울이 끝나길 간절히 바라고 있었다.

• long for ~
~을 간절히 바라다

**10** It <u>was</u> strange to see the old woman trying to send such a big money.
- 그 할머니께서 그렇게 큰돈을 송금하려는 걸 보고는 이상했어요.

**11** <u>Is</u> there any reason to doubt what they <u>say</u>?
- 그들이 하는 말을 의심해야 할 이유라도 있나요?

**12** They <u>had to understand</u> how the harmony of nature <u>works</u> to lead their lives.
- 사람들은 삶을 영위하기 위해서 자연의 조화가 어떻게 작동하는지 이해해야만 했다.

• work - ed
작동하다, 일하다

**13** Some of the participants <u>seemed</u> to be very familiar with the atmosphere.
- 몇몇 참가자는 분위기에 아주 익숙한 것 같았다.

• participant
참가자

**14** So, in order to survive, we <u>will have to adjust</u> and <u>get</u> used to these changes.
- 그러니까, 살아남기 위해서, 우리는 이런 변화에 적응하고 익숙해져야 할 겁니다.

• adjust -ed
조정, 적응하다

**15** We <u>learn</u> that freedom <u>is</u> the natural birthright of every human.
- 우리는 자유는 모든 인간의 자연적인 생득권이라고 배우지요.

• brithright
생득권, 상속권

| | | |
|---|---|---|
| 1 | (n) 인과(관계), 원인과 결과 | **cause and effect** |

• **cause** (n) 원인, 이유
• **effect** (n) 결과, 영향, 효과

| | | |
|---|---|---|
| 2 | (a) 인기 있는, 대중적인, 대중의 | **popular ( be popular )** |

• **popularity** (n) 인기, 대중성
• **unpopular** (a) 인기 없는

| | | |
|---|---|---|
| 3 | (a) 인내심 있는, 참을성 있는 | **patient ( be patient )** |

• **patient** (n) 환자
• **impatient** (a) 참을성 없는, 끈기 없는
• **patience** (n) 인내, 참을성, 끈기

| | | |
|---|---|---|
| 4 | (n) 인물 | **person, character, figure** |

• **person** 은 '사람' **character** 는 '등장인물' **figure** 는 '중요한 인물, 거물'을 뜻합니다.

| | | |
|---|---|---|
| 5 | (v) 인사, 맞이, 접대, 환영하다 | **greet - greeted** |

| | | |
|---|---|---|
| 6 | (n) 인상, 감명, 감동 | **impression** |

• **impress - impressed** (v) 인상, 감명, 감동을 주다
• **impressive** (a) 인상적인, 감동적인

| | | |
|---|---|---|
| 7 | (v) 인상쓰다, 눈살을 찌푸리다 | **frown - frowned** |

• **frown** (n) 화난 얼굴, 화난 기색

| | | |
|---|---|---|
| 8 | (a) 인쇄된, 찍혀있는, 출간된 | **printed ( be printed )** |

• **print - printed** (v) 인쇄, 프린트하다, 찍다, 출간하다
• **print** (n) 인쇄(물), 출판물

| | | |
|---|---|---|
| 9 | (v) 인정, 시인하다, 받아들이다 / 입장을 허락하다 | **admit - admitted** |

• **admission** (n) 인정, 시인 / 입장, 입학
• **admittance** (n) 입장허가, 입장

| | | |
|---|---|---|
| 10 | (v) 인정, 시인, 승인하다 / 인식, 인지하다 | **acknowledge - acknowledged** |

• **acknowledgement** (n) 인정, 인식

| | | |
|---|---|---|
| 11 | (av) 인터넷으로, 인터넷상에 | **on the internet** |

• **on-line** : 온라인으로
• **off-line** : 오프라인으로

| | | |
|---|---|---|
| 12 | (a) 일그러진, 왜곡된, 비뚤어진 | **distorted ( be distored )** |

• **distort - distorted** (v) 일그러뜨리다, 왜곡, 곡해하다
• **distortion** (n) 일그러짐, 왜곡, 곡해

| | | |
|---|---|---|
| 13 | (n) 일기예보 | **weather forecast** |

• **incorrect weather forecast** : 부정확한 일기예보

| | | |
|---|---|---|
| 14 | (v) 일어나다, 기상하다, 일어서다 | **get up - got up - gotten up, rise - rose - risen** |

| | | |
|---|---|---|
| 15 | (n) (일이)일어나다, 발생하다, 생기다, 닥치다 | **happen - ed, occur - red** |

• **happen to do** : 우연히, 어쩌다 ~하다
• **happening** (n) 우연히 일어난 일, 사건
• **occurrence** (n) 발생, 출현, 사건

**1** Cause and effect <u>is</u> the most basic principle of all phenomena.

　　　　　　　　　　　　　　　　　　- 인과는 모든 현상의 가장 기본적인 원리지요.

**2** There <u>are</u> good reasons why his songs <u>become</u> more and more popular.

　　　　　　　　　　　　　　　　　　- 그의 노래가 점점 더 인기 있어 지는 이유가 있지.

**3** Nobody <u>can be</u> endlessly kind and patient with complaints.

　　　　　　　　　　　　　　　　　　- 누구도 불평불만에 끝없이 친절하고 참기만 할 수는 없어요.

**4** What <u>are</u> the differences between these words, person, character and figure?

　　　　　　　　　　　　　　　　　　- person, character, figure 이 단어들의 차이는 뭔가요?

**5** She <u>greeted</u> each of the guests who <u>came</u> through the door.

　　　　　　　　　　　　　　　　　　- 그녀는 문으로 들어오는 각각의 손님을 반갑게 맞이했다.

**6** What <u>was</u> your first impression of me?

　　　　　　　　　　　　　　　　　　- 내 첫인상은 어땠어?

**7** She <u>stood</u> there, frowning at the guys.

　　　　　　　　　　　　　　　　　　- 그녀는 그 녀석들에게 눈살을 찌푸리며 거기 서 있었다.

**8** <u>Read</u> me the number printed on the ticket.

　　　　　　　　　　　　　　　　　　- 티켓에 찍혀있는 번호를 읽어주세요.

**9** He later <u>admitted</u> that he <u>had lied</u> about his past.

　　　　　　　　　　　　　　　　　　- 그는 나중에 그의 과거에 대해서 거짓말했다고 시인했다.

**10** Gradually, I <u>began</u> to acknowledge my feelings of loneliness.

　　　　　　　　　　　　　　　　　　- 서서히, 나는 외로움의 감정을 인식하기 시작했다.

**11** These days, there <u>are</u> hundreds of crimes, which <u>occur</u> on the Internet.

　　　　　　　　　　　　　　　　　　- 요즘은 인터넷상에서 발생하는 범죄가 수백 건입니다.

**12** This type of approach <u>may give</u> a distorted view of our history.

　　　　　　　　　　　　　　　　　　- 이런 접근방식은 우리 역사에 대한 비뚤어진 관점을 주기도 합니다.

**13** Weather forecasts <u>are</u> not always correct, but it <u>is</u> true that they <u>are</u> helpful.

　　　　　　　　　　　　　　　　　　- 일기예보가 늘 정확하지는 않지만, 도움이 되는 건 사실입니다.

**14** Last night, I <u>set</u> my alarm and <u>tried</u> to get up early, but as usual...

　　　　　　　　　　　　　　　　　　- 어젯밤, 나는 알람을 맞추고 일찍 일어나려 했으나, 늘 그렇듯이...

**15** I <u>had</u> time to cool down and look at what really <u>happened</u> to us.

　　　　　　　　　　　　　　　　　　- 나는 흥분을 가라앉히고 우리한테 정말 무슨 일이 일어난 건지 바라볼 시간을 가졌다.

• phenomonon
현상
• phenomona
현상들

• complaint
불평, 불만

• occur - red
발생하다

• approach
접근, 접근방식

| 1 | (v) 일어서다, 서다 | stand up - stood up | • **stand-up** (a) 서 있는, 서서 하는<br>• **stand up to ~** : 맞서다, 견디다<br>• **stand up against ~** : 저항하다, 대항하다 |
| 2 | (v) 일으키다, 야기하다,<br>원인이 되다 | cause - caused | • **cause + O + to do** : O가 ~하게 하다, 시키다<br>• **cause** (n) 원인, 이유, 근거<br>• **cause and effect** : 원인과 결과, 인과 관계 |
| 3 | (adv) 일제히, 다 함께, 동시에 | all together | |
| 4 | (v) 일하다, 작업, 공부하다<br>/ 작동, 작용하다 | work - worked | • **work** (n) 일, 노동, 작업, 공부, 연구, 애씀, 노고 / 작품<br>• **worker** (n) 노동자, 근로자<br>• **workaholic** (n) 일벌레, 일 중독자 |
| 5 | (v) 읽다, 읽어주다 | read - read - read | • **readable** (a) 읽을 수 있는, 읽기 쉬운<br>• **unreadable** (a) 읽기 힘든 |
| 6 | (v) 잃다 / 지다, 패하다 | lose - lost - lost | • **loss** (n) 손실, 분실, 감소 |
| 7 | (n) 임무, 사명, 포교, 사절단 | mission | • **missionary** (n) 선교사, 사절 |
| 8 | (n) 입구 / 입학, 입장(권) | entrance | • **enter - ed** (v) 입장, 입학하다, 들어가다, 입력하다 |
| 9 | (v) 입다, 쓰다, 신다, 착용하다<br>/ 해지다, 닳다 | wear - wore - worn | • **worn** (a) 입던, 낡은, 해진 / 지쳐버린<br>• **underwear** (n) 속옷 |
| 10 | (v) 입양하다 / 채용, 채택하다 | adopt - adopted | • **adopted** (a) 입양된, 채택된<br>• **adoption** (a) 입양, 채용, 채택 |
| 11 | (n) 입맛, 미각, 맛/ 기호, 취향<br>/ 한 입, 한 모금 | taste | • **taste - tasted** (v) 맛보다, ~한 맛이 나다<br>• **tasty** (a) 맛있는, 맛좋은<br>• **tasteful** (a) 고상한, 우아한 • **tasteless** (a) 무미 건조한 |
| 12 | (v) (~ 인 채로) 있다, 여전히 ~다<br>/ 머무르다, 남아 있다 | remain - remaine d | • **remain, stay, keep + C** : C의 상태로 있다, 유지하다 |
| 13 | (v) 잊다 | forget - forgot - forgotten | • **forget ~ing** : ~한 것을 잊다<br>• **forget to do** : ~할 것을 잊다 |
| 14 | (v) 자극하다, 짜증 나게, 초조하게<br>하다, 화나게 하다 | irritate - irritated | • **irritation** (n) 초초함, 성남, 안달, 자극<br>• **irritated** (a) 초조한, 성난, 안달이 난 |
| 15 | (v) 자다, 잠자다 | sleep - slept - slept | • **sleep** (n) 잠, 수면<br>• **sleepy** (a) 졸린, 잠 오는<br>• **asleep** (a) 잠들어 |

1  The movie <u>ended</u>, and everyone <u>stood up</u> to leave.
- 영화가 끝나고, 모두 떠나려고 일어섰다.

2  Dust <u>can cause</u> an allergic reaction in some people.
- 먼지는 어떤 사람들에게 알레르기 반응을 일으킬 수 있습니다.

3  The crowd <u>began</u> to sing and sway all together. It <u>was</u> a spectacle.
- 군중은 노래를 부르며 일제히 좌우로 움직이기 시작했다. 정말 볼만했다.

4  When we <u>come together</u> and work as one, we <u>can achieve</u> extraordinary things.
- 우리가 힘을 합쳐 하나로 일하면, 우리는 놀라운 일들을 성취할 수 있습니다.

• extraordinary
놀라운, 대단한

5  Even someone who <u>can neither read nor write</u> <u>can be</u> a saint.
- 심지어 읽고 쓸 수 없는 사람도 성자가 될 수 있습니다.

• neither ~ nor ~
~도 ~도 아니다

6  Little by little, I <u>began</u> to lose interest in hanging around with them.
- 조금씩, 그들과 어울리는 데 흥미를 잃기 시작했다.

• hang around
with ~
~와 어울려 다니다

7  I <u>am not</u> sure if he <u>was</u> aware the mission was so dangerous.
- 그가 그 임무가 그렇게 위험한지 알고 있었는지 확신할 수 없습니다.

• be awere that ~
~를 알고 있다

8  I <u>thought</u> that they <u>would use</u> a side entrance to avoid the waiting reporters.
- 난 그들이 기다리고 있는 기자들을 피하려고 옆문을 이용할 거라고 생각했다.

9  She <u>got up</u> early, but <u>spent</u> almost an hour deciding what she should wear.
- 그녀는 일찍 일어났지만, 뭘 입을지 결정하는 데 한 시간이나 걸렸다.

10  It is hard to find families to adopt an animal with problems.
- 문제가 있는 동물을 입양할 가족을 찾기란 어렵습니다.

11  There <u>are</u> people who <u>have</u> very different tastes in art.
- 예술에 대한 다른 기호를 가진 사람들이 있지요.

• taste in ~
~에 대한 기호, 취향

12  The girl <u>remained</u> calm and <u>waited</u> till he <u>finished</u> shouting at her.
- 소녀는 평정을 유지했고 그가 그녀에게 소리 지르기를 끝낼때까지 기다렸다.

13  I <u>forget</u> to set my alarm, and I <u>was</u> late to school again.
- 알람 맞추는 걸 잊어버려서 또 지각했다.

14  Sometimes, attempting to apologize <u>may irritate</u> the person even more.
- 때로는 사과하려는 시도가 더욱더 상대방을 짜증 나게 할 수도 있어요.

15  There <u>must be</u> a reason you have trouble sleeping?
- 당신이 잠을 잘 못 자는 데는 분명 이유가 있겠지요.

• have trouble ~ing
~하는 데 어려움을 격다

| 1 | (adv) 자동으로 | automatically | • automate - d (v) 자동화 하다<br>• automatic (a) 자동의<br>• manually (av) 수동으로, 손으로 |
|---|---|---|---|
| 2 | (v) 자라다, 성장하다, 기르다, 재배하다 / 되다 | grow - grew - grown | • growth (n) 성장<br>• grown (a) 성장한, 다 자란<br>• grow, get, become + C : C의 상태가 되다 |
| 3 | (a) ~이 자랑스럽다, 자랑스러워 하다 | be proud of ~ | • be proud to do : ~하는 것이 자랑스럽다<br>• proudly (adv) 자랑스럽게, 당당하게<br>• pride (n) 자부심, 자존심, 자랑 |
| 4 | (v) 자르다, 베다, 깎다, 줄이다 | cut - cut - cut | |
| 5 | (n) 자리, 좌석 | seat | • seat - seated (v) 앉히다, 착석시키다<br>• seat belt : 안전 벨트 |
| 6 | (n) 자비, 자비심, 관용 | mercy | • merciful (a) 자비로운<br>• merciless (a) 무자비한, 무관용의 |
| 7 | (n) 자연, 본질, 본성 | nature | • natural (a) 자연의, 자연스러운, 당연한, 타고난<br>• law of nature : 자연의 법칙<br>• by nature : 본래, 천성적으로 |
| 8 | (a) 자유로운, 한가한, 아낌없이 주는, 무료의 | free | • free - freed (v) 자유롭게 하다, 해방시키다<br>• for free : 무료로<br>• freedom (n) 자유 |
| 9 | (v) 자전, 회전, 순환하다, 돌다 | rotate - rotated | • rotation (n) 자전, 회전, 순환, 교대 |
| 10 | (n) 자판기 | vending machine | • acknowledgement (n) 인정, 인식 |
| 11 | (v) 작동하다 | work - worked | • workable (a) 작동, 사용 가능한 |
| 12 | (v) 작곡, 창작하다 / 구성하다, 이루어지다 / 가라앉히다, 진정하다 | compose - composed | • be composed of ~ : ~로 이루어 지다, 구성되다<br>• composition (n) 구성, 작문, 작곡<br>• composure (n) 침착, 평정 |
| 13 | (v) 잔소리하다, 귀찮게 조르다 | nag - nagged | • nag + O + to do 잔소리 해서, 귀찮게 졸라서 O가 ~하게 하다 |
| 14 | (a) 잘 익은, 무르익은, 원숙한, ~할 시기가 된 | ripe ( be ripe ) | • ripe for ~ / to do : ~할 시기가 된, ~할 절호의<br>• unripe (a) 시기상조의, 성숙하지 않은 |
| 15 | (a) 잘 생긴, 아름다운, 수려한, 멋진 / (수량이) 상당한, 충분한 | handsome ( be handsome ) | |

1 **The car <u>stops</u> automatically when the cameras <u>detect</u> something in its path.**
- 자동차는 카메라가 경로 중에 무엇을 탐지하면 자동으로 멈춥니다.

• detect - ed
발견, 탐지하다

2 **Our economy <u>has grown</u>, emitting these greenhouse gases.**
- 우리의 경제는 이러한 온실가스를 배출하면서 성장했습니다.

• emit - ted
배출, 방출하다

3 **<u>Do</u> you <u>believe</u> that we <u>can create</u> a future that we <u>will be</u> proud of?**
- 우리가 자랑스러워 할 그런 미래를 만들어낼 수 있다고 생각하세요?

4 **Usually, I <u>cut</u> my nails in my car, waiting for the light to change.**
- 보통, 나는 신호가 바뀌기를 기다리면서 차에서 손톱을 깎습니다.

5 **She <u>went</u> back to her seat, hearing the sound of applause.**
- 그녀는 박수 소리를 들으며 자리로 돌아갔다.

• applause
박수, 박수갈채

6 **So, I <u>decided</u> to show them some mercy.**
- 그래서 나는 그들에게 약간의 자비를 베풀기로 했다.

7 **Children <u>grow up</u> as people who <u>are able to enjoy</u> the beauties of nature.**
- 아이들은 자연의 아름다움을 즐길 수 있는 사람으로 성장합니다.

8 **I <u>heard</u> that parking <u>is</u> free after 6 pm.**
- 6시 이후에는 주차가 무료라고 들었어요.

9 **Only 100 years ago, they <u>didn't know</u> that the Earth <u>rotates</u> round the Sun.**
- 100년 전만 하더라도, 사람들은 지구가 태양 주위를 돈다는 것을 몰랐습니다.

10 **There <u>used to be</u> a cigarette-vending machine at every supermarket.**
- 슈퍼마다 담배 자판기가 있었더랬지.

11 **<u>Isn't</u> there anyone who <u>can get</u> the machine to work?**
- 그 기계를 작동하게 할 수 있는 사람이 없나요?

• get + O + to do
O가 ~하게 하다

12 **He <u>composed</u> this song when he <u>was</u> 18 years old.**
- 그는 18살 때 이 노래를 작곡했습니다.

13 **Please, <u>stop</u> nagging me. I <u>can take care of</u> myself.**
- 잔소리 좀 그만 하세요. 내 일은 알아서 할 수 있어요.

14 **Now, all conditions <u>seem</u> to be ripe to talk about this issue.**
- 이제 모든 조건이 이 문제를 거론할 시기가 된 것 같군요.

15 **I <u>didn't expect</u> to receive such a handsome reward for doing so.**
- 그렇게 한 데 대해서 이렇게 많은 보상을 받을 거라고는 기대하지 않았습니다.

• reward
보상, 보답

| | | | |
|---|---|---|---|
| 1 | (v) 잠 깨다, 일어나다, 깨어나다, 깨우다 | **wake - woke - woken** | |
| 2 | (v) 잠 깨다, 깨어나다, 깨우다 / 자각하다, 알아차리게 하다 | **awake - awaken - awoken** | • **awake** (a) 깨어서, 잠자지 않고 |
| 3 | (a, adv) 잠 들어 | **asleep ( be alseep )** | • **fall asleep** : 잠들다<br>• **half / fast asleep** : 반쯤 잠든 / 깊이, 곤히 잠든<br>• **half asleep and half awake** : 비몽사몽 |
| 4 | (v) 잠그다, 자물쇠를 채우다 | **lock - locked** | • **lock** (n) 자물쇠, 잠금장치 |
| 5 | (n) 잠재력, 가능성 | **potential** | • **potential** (a) 잠재적인, 가능성이 있는 |
| 6 | (v) 잡다, 붙들다, 발견하다 / (병에) 걸리다 | **catch - caught - caught** | • **catch a cold** : 감기 걸리다<br>• **catch up with ~ / to ~** : ~을 따라잡다 |
| 7 | (v) 잡다, 들다, 쥐다 / 보유, 소유하다 / 유지하다 / 개최하다 | **hold - held - held** | • **hold breath** : 숨을 참다, 숨죽이다<br>• **hold fire** : 사격을 중지하다<br>• **hold on** : 기다리다 |
| 8 | (v) 잡담하다, 수다떨다, 이야기하다, 채팅하다 | **chat - chatted** | • **chat** (n) 잡담, 수다 떨기<br>• **chatty** (a) 수다스러운 |
| 9 | (v) 장난치다 | **play, go into mischief** | • **play with ~** : ~를 가지고 장난치다<br>• **mischief** (n) 장난, 장난기 / 손해, 해, 곤란한 일 |
| 10 | (n) 장면, 장소, 현장, 경치, 상황 | **scene** | • **scenery** (n) 경치, 풍경 |
| 11 | (n) 장소, 곳 / 자리, 좌석 / 입장, 위치 | **place** | • **take place** : 일어나다, 발생하다, 열리다<br>• **place - d** (v) 두다, 설치, 배치하다, 위치 시키다 |
| 12 | (v) 장식하다, 꾸미다 | **decorate - decorated** | • **decoration** (n) 장식<br>• **decorative** (a) 장식의 |
| 13 | (n) 장점 | **good/strong point, merit** | • 단점 : **bad (weak) point, demerit, shortcoming** |
| 14 | (a) 장황한, 매우 긴 | **lengthy ( be lengthy )** | • **length** (n) 길이, 거리, 기간<br>• **lengthen** (n) 연장하다 |
| 15 | (n) 재능, 소질, 능력, 적성 | **talent, gift, ability, aptitude** | • **talented, gifted, able person** : 재능있는 사람 |

**1** At midnight, I <u>woke</u> her up and <u>said</u> I <u>was leaving</u>.
- 자정이 되자, 나는 그녀를 깨워 내가 떠난다고 말했다.

**2** I <u>awoke</u>, feeling that someone <u>was walking</u> downstairs.
- 나는 누군가 아래층에서 걸어 다니는 걸 느껴 잠에서 깼다.

**3** When I <u>came</u> back in 10 minutes, she <u>was</u> already fast asleep.
- 내가 10분 만에 돌아왔을 때, 그녀는 이미 깊이 잠들어있었다.

**4** She <u>thought</u> for a while and <u>came up with</u> an idea to open the locked door.
- 그녀는 한참 생각하고는 그 잠긴 문을 열 아이디어를 생각해 냈다.

• come up with
생각해 내다

**5** Human potential <u>is</u> far beyond what you <u>can imagine</u>.
- 인간의 잠재능력은 당신이 상상할 수 있는 것 이상입니다.

**6** A man who <u>was watching</u> it <u>caught</u> the baby thrown from the burning building.
- 그것을 지켜보던 한 남자가 불 난 건물 밖으로 던져진 아기를 받아냈습니다.

**7** I <u>held</u> the money tightly in my hand.
- 나는 그 돈을 손에 꽉 쥐었다.

**8** Sometimes, she <u>visited</u> me, and we just <u>spent</u> time chatting about everything.
- 가끔, 그녀가 내게 찾아왔고, 우리는 그저 이런저런 것에 대해 잡담하면서 시간을 보냈습니다.

• spend time ~ing
~하며 시간을 보내다

**9** Two boys <u>were playing</u> with sticks beside my new car.
- 남자아이 둘이서 내 새 차 옆에서 막대기를 가지고 장난치고 있었다.

**10** Which scene <u>do</u> you think <u>is</u> the most memorable in this film?
- 이 영화에서 가장 기억에 남는 장면은 어디라고 생각하세요?

• memorable
기억에 남는, 기억 할만
한

**11** We <u>have chatted</u> about the merits of that town as a place to live with our children.
- 우리는 아이들과 함께 살 곳으로 그 마을의 장점들에 관해 이야기 한 적이 있어요.

**12** On the self, there <u>was</u> an iron pot that <u>was</u> richly <u>decorated</u> with powdered gold.
- 선반 위에는 금분으로 호화롭게 장식된 쇠주전자가 놓여있었다.

**13** Everybody <u>has</u> his merits and demerits.
- 누구나 장단점이 있기 마련이지요.

**14** This <u>is not</u> the place for a lengthy argument about the rights and wrongs.
- 여기는 잘잘못에 관한 장황한 설전의 자리가 아닙니다.

• argument
논쟁

**15** She <u>said</u> she <u>had</u> no talent for dance, so never <u>stopped</u> her efforts.
- 그녀는 그녀가 춤에 재능이 없었고, 그래서 노력을 멈추지 않았다고 말했습니다.

| 1 | (n) 재료, 원료, 자료, 소재, 옷감 | material | • **raw material** : 원자재, 원료<br>• **materialize - d** (v) 구체화되다, 실현되다, 나타나다<br>• **materialism** (n) 유물론, 물질주의 |
| 2 | (v) (동,식물을) 재배하다, 기르다 / (머리카락 등을) 기르다 | grow - grew - grown | • **bring up, raise, rear** : 아이를 양육하다, 기르다<br>• **raise, rear, breed** : 가축을 사육하다 |
| 3 | (adv) 재빨리, 빠르게 | quickly, fast, rapidly | |
| 4 | (a) 재치 있는, 기지 있는 | witty ( be witty ) | • **wit** (n) 재치, 기지, 현명함 |
| 5 | (v) 재활용, 재생, 재순환하다 | recycle - recycled | • **recycled paper** : 재생지<br>• **recyclable material** : 재활용품 |
| 6 | (a adv) 저렇게 , 저런 / 이렇게, 이런 | like that / like this | |
| 7 | (v) (컴퓨터에) 저장하다 / 구하다, 모으다, 절약하다, (수고를) 덜다 | save - saved | • **store - stored** (v) : (물건 등을) 저장, 보관하다 |
| 8 | (adv) 적어도, 최소한 | at least | • **at most** : 많아야, 고작 |
| 9 | (a) 적절한, 적합한, 알맞은 | proper, appropriate, suitable | • **properly, appropriately, suitably** (adv) 적절히, 알맞게 |
| 10 | (v) 전시, 진열하다, 펼치다, 드러내다 | display - displayed | • **display** (n) 전시, 진열, 표현, 표시, 과시<br>• **display case/cabinet** : 진열대<br>• **LED display board** : LED 전광판 |
| 11 | (n) 전자사전 | electronic dictionary | • **electronic mail/device/payment/voting** : 전자 메일/전자기구/전자결제/전자투표 |
| 12 | (n) 전함, 군함 | battleship, warship | • **fleet** : 함대 |
| 13 | (adv) 전혀 | at all | • **at all** 은 부정문, 의문문에서 강조를 위해 사용합니다. |
| 14 | (v) 전화하다, 부르다, 소집하다 | call - called | • **call + O + C** : O를 C라고 부르다, 라고 생각하다<br>• **call for ~** : 요구하다 |
| 15 | (n) 절, 사찰, 사원, 신전 | temple | |

**1** Each work displayed here **is made** of recycled material.
- 여기 전시된 모든 작품은 재활용된 재료로 만들어졌습니다.

**2** More and more city people **are growing** fruits and vegetables in their buildings.
- 점점 더 많은 도시 사람들이 자신의 건물에서 과일과 야채를 기르고 있습니다.

**3** Others **ate** so quickly that I **had to leave** almost half of my meal.
- 다른 사람들이 너무 빨리 먹어서 나는 내 식사의 거의 절반을 남겨야 했다.

**4** My elder sister **is** witty, amusing and gifted with strong personal magnetism.
- 언니는 재치 있고, 재미있으며 사람을 끄는 강력한 힘을 타고났다.

• magnetism
자성, 자력, 매력

**5** Plastic bottles **can be recycled** into diverse products.
- 플라스틱병은 다양한 제품으로 재활용될 수 있어요.

**6** I **remember** something like this happened between my son and me.
- 이런 일이 내 아들과 나 사이에서 일어났던 것을 기억합니다.

**7** The file **will be** automatically **saved** every five minutes.
- 파일은 5분마다 자동으로 저장됩니다.

**8** It **will take** us at least 20 years to save that sort of money.
- 우리가 그 정도 돈을 모으려면 적어도 20년은 걸릴 거다.

• that sort of ~
그런 종류의 ~

**9** I **think** it **was** not proper to ask the teacher that sort of question.
- 선생님께 그런 질문을 한 것은 적절하지 않았다고 생각해.

**10** Kindly, she **showed** me the room in which my paintings **would be displayed**.
- 그녀는 친절하게도 내 그림이 전시될 방을 보여주었다.

**11** What **is** the advantage of electronic dictionary?
- 전자사전의 장점은 무엇인가요?

**12** The battleship **was hit** by a torpedo and began to sink.
- 그 전함은 어뢰에 맞아서 침몰하기 시작했다.

• sink-sank-sunk
침몰하다, 가라앉다

**13** It **is** just a waste of time to talk with people who **are not willing to listen** at all.
- 전혀 들으려 하지 않는 사람들과 이야기하는 건 시간 낭비일 뿐이야.

**14** Watching the news, I **started** calling around to find out where they were.
- 그 뉴스를 보고, 나는 그들이 어디 있는지 알아보려고 여기저기 전화하기 시작했습니다.

**15** CNN **has introduced** 33 of Korea's most beautiful temples.
- CNN이 한국의 가장 아름다운 절 33곳을 소개한 적이 있다.

| 1 | (n) 점쟁이 | fortune-teller | • **fortuen-telling** (n) 점<br>• **shaman** : 무속인  • **exorcist** : 퇴마사 |
| 2 | (a, adv) 점점 더, 더욱 더 | more and more | • **less and less** : 점점 적게 |
| 3 | (n) 정도, 단계, 등급, 신분<br>/ (각도, 온도, 도수, 등) ~도 / 학위 | degree | • **degree of ~** : ~의 정도<br>• **degree in ~** : ~ 학위 |
| 4 | (v) 정리, 정돈하다, 단정히 하다 | tidy - tidied | • **tiy up, away ~** : 깔끔히 치우다<br>• **tidy** (a) 단정한, 깔끔한, 정돈된 |
| 5 | (n) 정보, 자료, 안내, 보도<br>/ 견문, 식견 | information | • **inform - ed** (v) 알리다, 통보하다, 정보를 주다<br>• **informed** (a) 견문이 넓은, 정통한<br>• **informative** (a) 유익한, 유용한, 교육적인 |
| 6 | (v) 정복하다, 차지하다<br>/ 극복하다, 이겨내다 | conquer - conquered | • **conquest** (n) 정복, 극복<br>• **conqueror** (n) 정복자 |
| 7 | (n) 정부, 정치, 통치 | government | • **local government** : 지방 자치<br>• **govern - ed** (v) : 통치, 지배, 운영하다 |
| 8 | (a) 정상인, 보통의, 평범한 | normal ( be normal ) | • **abnormal** : 비정상적인, 이상한<br>• **normal** (n) 표준, 기준, 정상<br>• **normalize - d** (v) : 정상화 하다, 표준으로 삼다 |
| 9 | (a) 정신이 나간, 제정신이 아닌 | out of one's mind | |
| 10 | (n) 정원, 뜰 | garden | • **garnden - gardened** (v) : 정원을 가꾸다 |
| 11 | (n) 정의, 공정 / 사법, 재판 | justice | • **justice system** : 사법 제도<br>• **just** (a) 공정한, 정당한, 올바른<br>• **justify - jsutified** (v) : 정당화 하다 |
| 12 | (a) 정직한, 솔직한 | honest ( be honest ) | • **dishonest** (a) 부정직한<br>• **honesty** (n) 정직, 솔직, 성실 |
| 13 | (a) 정확한, 틀림없는, 옳은 | correct, exact, accurate, precise | • **incorrect, inaccurate** (a) : 틀린, 정확치 않은<br>• **correct - ed** (v) : 정정하다, 고치다, 교정하다<br>• **exact - ed** (v) : 요구하다, 강제하다 |
| 14 | (v) 제거하다, 치우다, 없애다, 이<br>동시키다, 파면하다 | remove - removed | • **removal** (n) 제거, 철거, 파면 |
| 15 | (n) 제비 | swallow | • **swallow - swallowed** (v) : 삼키다, 삼켜버리다 |

**1** Of course, going to a fortune-teller is useless and silly, but anyway it is fun.
- 물론 점 보러 가는 건 쓸데없고 어리석지만, 어쨌거나 재미있어.

**2** My life is heading more and more for where I have never thought.
- 내 삶이 한 번도 생각해 본 적 없는 곳으로 점점 향해 가고 있다.

• head for ~
~로 향하다, 나아가다

**3** So we can say with a high degree of confidence what is the cause of global warming.
- 그래서 우리는 지구 온난화의 원인이 무엇인지 상당한 확신을 가지고 말할 수 있지요.

• confidence
자신감, 확신

**4** Would you go to your room and tidy up the toys you played with?
- 네 방으로 가서 가지고 논 장난감들 정리해 줄래?

**5** We must gather more detailed information before we make a decision.
- 결정을 내리기 전에 좀 더 세부적인 정보를 모아야 합니다.

• detailed
자세한, 세부적인

**6** The only way to conquer a fear is to face it.
- 두려움을 극복하는 유일한 방법은 그것을 직시하는 것이다.

**7** All power of the government comes from the people.
- 정부의 모든 권력은 국민으로부터 나온다.

**8** It was her dream to lead a normal, happy life with her children.
- 아이들과 함께 평범하고 행복한 삶을 사는 것이 그녀의 꿈이었다.

• lead a life
생활하다, 살아가다

**9** Your parents also will think you are out of mind if they hear it.
- 당신 부모님도 그걸 들으면 당신이 제정신이 아니라고 생각할걸.

**10** Except winter, my grandmother spent most of the day in this garden.
- 겨울을 제외하고, 할머니께서는 이 정원에서 대부분의 낮 시간을 보내셨어요.

**11** According to Aristotle, justice means giving people what they deserve.
- 아리스토텔레스에 따르면, 정의란 사람들에게 그들이 마땅히 받아야 하는 것을 주는 것입니다.

• deserve - d
받을만 하다,
가치가 있다

**12** I want a completely honest answer about what you know.
- 네가 아는 것에 대해서 숨김없이 정직한 대답을 듣고 싶다.

**13** It is just a waste of time if the information we have is not correct.
- 우리가 가진 정보가 정확하지 않다면 시간 낭비일 뿐입니다.

**14** What's the best way to remove old grease around gas stove?
- 가스레인지 주위의 찌든 기름때를 제거하는 최고의 방법은?

• grease
기름, 그리스

**15** You are just like Nolbu, who broke the swallow's leg and treated it.
- 너는 제비 다리를 부러뜨리고 고쳐준 놀부랑 똑같아.

• treat - ed
치료, 처리하다

| 1 | (v) 제안, 제의하다, 권하다, 제공하다 | offer - offered | • **offer + O + O** : O에게 O를 제안, 제의하다<br>• **offer to do** : ~하겠다고 제안, 제의하다<br>• **offer** (n) 제안, 제의, 제공 |
|---|---|---|---|
| 2 | (v) 제한, 제약하다, 한정하다 | restrict - restricted | • **restriction** (n) 제한, 제약<br>• **restricted** (a) 제한된, 한정된<br>• **restrictive** (a) 제한하는, 제한적인 |
| 3 | (n) 조건, 형편, 상황, 정세 | condition | • **on condition that ~** : ~하겠다는 조건으로<br>• **conditional** (a) 조건부의<br>• **unconditional** (a) 무조건적인, 무제한의 |
| 4 | (a) 조그마한, 아주 작은 | tiny ( be tiny ) | • **tiny little** : 아주 작은 |
| 5 | (v) 조르다, 보채다 | pester, beg, press, ask | • **pester, beg, ask, press + O + to do**<br>: O 에게 ~해달라고 것을 조르다 |
| 6 | (n) 조사, 사찰 / 개론, 개관 | survey | • **survey - surveyed** (v) 조사, 측량하다, 둘러보다<br>• **surveillance** (n) 감시, 사찰, 정찰, 도청 |
| 7 | (a, adv) 조사 중인, 취조 중인 | under investigation | • **investigate - d** (v) 조사, 수사, 취조하다 |
| 8 | (a) 조심, 주의하다, 신경쓰다 | be careful | • **be careful (about, in, of, with)**<br>• **be careful to do** : ~하도록 주의하다<br>• **be careful not to do** : ~하지 않도록 주의하다 |
| 9 | (n) 조약돌, 자갈 | pebble | |
| 10 | (a) 조용한, 잠잠한 | silent, quiet, still | |
| 11 | (a) 조이는, 꼭 끼는, 빡빡한, 단단한, 팽팽한, 엄한 | tight ( be tight ) | • **tighten - ed** (v) 조이다, 단단히 죄다 |
| 12 | (v) 조절, 관리, 지배, 단속하다 | control - controlled | • **control** (n) 조절, 관리, 지배, 단속, 억제 |
| 13 | (n) 조카 | 남자 nephew, 여자 niece | |
| 14 | (n) 족쇄, 속박 | fetters | • **fetter - ed** (v) 족쇄를 채우다, 속박, 구속하다 |
| 15 | (v) 존재, 실재하다, 있다 / 살아가다, 존속하다 | exist - existed | • **existing** (a) 존재, 현존하는, 기존의<br>• **existence** (n) 존재, 현존, 생존, 생활<br>• **coexist - ed** (v) 공존하다 |

**1** While I <u>was visiting</u> her, she <u>didn't</u> even <u>offer</u> me a cup of coffee.

- 그녀를 방문하는 동안, 그녀는 커피 한 잔도 주지 않았다.

**2** Many cities <u>have</u> already <u>restricted</u> smoking in public places.

- 많은 도시가 이미 공공장소에서 흡연을 제한했습니다.

**3** It <u>must be</u> difficult for him to refuse their offer in that condition.

- 그런 조건에서는 그가 그들의 제안을 거절한다는 것은 분명 어려웠을 겁니다.

• refuse - d
거절하다

**4** I <u>looked</u> into the baby's eyes and <u>touched</u> the tiny, white fingers.

- 그 아기의 눈을 들여다보고, 그 조그마하고 하얀 손가락을 만져보았다.

**5** For months, I <u>pestered</u> my father to let me raise a cat.

- 몇 달 동안, 아버지께 고양이를 기르게 해 달라고 졸랐다.

**6** A recent survey <u>found</u> that 30% of the people in Seoul <u>believe</u> they <u>are</u> obese.

- 최근 조사에서 서울 시민의 30%가 스스로 비만이라 생각한다고 나타났다.

• obese
뚱뚱한, 비만

**7** It <u>is</u> not appropriate to comment on the case which <u>is</u> under investigation.

- 조사 중인 사안에 대해서 언급하는 것은 적절치 않습니다.

• appropriate
적절한, 적합한

**8** We <u>must be</u> careful not to miss the forest for the trees.

- 우리는 숲을 보지 못하고 나무만 보지 않도록 주의해야 합니다.

**9** The beach <u>was covered</u> with smooth white pebbles.

- 그 해변은 부드럽고 하얀 조약돌로 뒤덮여 있었다.

**10** Whenever you <u>are</u> in a quarrel, always <u>remember</u> you <u>can say</u> more by being silent.

- 다툼에 처할 때마다, 늘 침묵함으로써 더 많은 말을 할 수 있다는 것을 기억하세요.

• quarrel
다툼, 싸움

**11** He <u>was complaining</u> about his living in a very tight schedule.

- 그는 빡빡한 일정의 삶을 불평하고 있었다.

**12** Light from the sun also <u>helps</u> you to control your mood, energy and appetite.

- 태양으로부터 오는 빛은 또한 당신이 기분, 에너지, 식욕을 조절할 수 있도록 돕습니다.

• appetite
식욕

**13** She also <u>prepared</u> some money for her nephews and nieces.

- 그녀는 조카들에게 줄 돈도 준비해 두었다.

**14** Anyway, he <u>was</u> also a man who <u>was fettered</u> by family responsibilities.

- 어쨌거나, 그 역시 가족에 대한 책임으로 속박된 한 남자였다.

• responsibility
책임, 책임감

**15** <u>Do</u> you <u>believe</u> hell really exists?

- 지옥이 정말로 있다고 믿으시나요?

| | | |
|---|---|---|
| 1 | (v) 존중, 존경, 공경하다 | **respect - respected** |

- **respect** (n) 존중, 존경, 공경 / 사항, 점
- **restrictful** (a) 존경하는, 공손한
- **restrictive** (a) 각각의, 각자의

| | | |
|---|---|---|
| 2 | (a) 졸리는 | **sleepy ( be sleepy )** |

- **sleepless** (a) 불면의, 잠 못드는
- **sleeping** (n) 잠, 수면

| | | |
|---|---|---|
| 3 | (n) 종교 | **religion** |

- **religious** (a) 종교의, 신앙의, 독실한
- **freedom of religion** : 종교의 자유
- **state religion** : 국교

| | | |
|---|---|---|
| 4 | (v) 좋아하다 | **like, love, prefer** |

- **like, love, prefer + to do/~ing** : ~하기를 좋아하다
- **like, love, prefer + O + to do** : O가 ~하길 바라다

| | | |
|---|---|---|
| 5 | (v) 주다, 제공하다 | **give - gave - given** |

- **give birth to ~** : ~을 낳다, 원인이 되다
- **give it a try** : 한번 해보다, 시도하다

| | | |
|---|---|---|
| 6 | (n) 주말 | **weekend** |

| | | |
|---|---|---|
| 7 | (n) 주문 | **magic word, spell, incantation** |

- **utter/cast ~** : 주문을 외우다/걸다

| | | |
|---|---|---|
| 8 | (v) 주문, 명령, 지시하다 | **order - ordered** |

- **order + O + to do** : O에게 ~하도록 주문, 명령하다
- **order** (n) 순서, 질서, 주문, 명령
- **disorder** (n) 무질서, 혼란, 이상, 장애

| | | |
|---|---|---|
| 9 | (v) 주의, 관심을 끌다, 주목 받다 | **draw (attract, catch) attention** |

- **pay(give) attention to ~** : ~에 주의를 기울이다
- **turn(shift) attention to ~** : ~로 관심을 돌리다

| | | |
|---|---|---|
| 10 | (n) 주인, 소유자 | **owner** |

- **own - owned** (v) 소유하다
- **own** (a) 자기 자신의, 스스로의, 고유한
- **ownership** (n) 소유권, 지배권

| | | |
|---|---|---|
| 11 | (n) 주장 | **claim, argument, insistence** |

- **claim** : 주장, 요구
- **argument** : 주장, 논점, 논쟁
- **insistence** : 주장, 고집

| | | |
|---|---|---|
| 12 | (v) 주장, 고집하다 | **claim, argue, insist** |

| | | |
|---|---|---|
| 13 | (n) 주제곡 | **theme song (music, tune )** |

| | | |
|---|---|---|
| 14 | (v) 주차하다 | **park - parked** |

- **park** (n) 공원, 유원지, 주차장

| | | |
|---|---|---|
| 15 | (a) 죽은, 죽은 듯한 | **dead ( be dead )** |

- **deadly** (adv) 치명적인, 죽은 듯이
- **the dead** (n) 죽은 듯한 시간, 죽은 이들
- **death** (n) 죽음, 사망

**1** When traveling abroad, it <u>is</u> important to respect local customs.
- 해외 여행 할 때는, 지역 풍습을 존중하는 것이 중요합니다.

• custom
풍습, 관습

**2** When sleepy or bored, most people <u>yawn</u>.
- 졸리거나 지루하면, 대부분의 사람들은 하품을 하지요.

**3** Those rights <u>should not be limited</u> by geography, by skin color or by religion.
- 이런 권리는 지역, 피부색, 또는 종교에 의해서 제한되어서는 안 됩니다.

• geography
지리, 지리학

**4** <u>Would</u> you <u>like</u> me to go with you?
- 내가 같이 갔으면 좋겠어?

**5** This <u>is</u> the book my mother <u>gave</u> me when I <u>left</u> home.
- 이 책이 내가 집을 떠날 때 어머니께서 주신 책입니다.

**6** <u>Is</u> there anyone who <u>loves</u> to work at the weekend?
- 주말에 일하고 싶어 하는 사람 있어?

**7** That <u>was</u> the secret magic word which <u>could make</u> all the seeds sprout.
- 그것은 모든 씨앗을 싹트게 할 수 있는 비밀스런 주문이었다.

• sprout - ed
싹트다

**8** No one <u>has</u> the right to order you to give up your faith.
- 누구도 당신에게 당신의 신념을 져버리도록 명령할 권리는 없어요.

• faith
신념, 믿음

**9** Drawing attention <u>is</u> easy, but keeping attention <u>is not</u> so easy.
- 관심을 끄는 것은 쉽지만, 관심을 유지하는 것은 그리 쉽지 않습니다.

**10** We <u>decided</u> not to buy new dishes, but <u>use</u> the ones the previous owner left behind.
- 우린 새 식기들을 사지 않고, 전 주인이 남기고 간 것들을 사용하기로 했다.

• previous
이 전의

**11** They <u>are</u> still <u>denying</u> claims that alien beings certainly <u>exist</u>.
- 그들은 여전히 외계 생명체가 분명히 존재한다는 주장을 부인하고 있습니다.

**12** China <u>has</u> always <u>insisted</u> that Taiwan <u>is</u> part of China.
- 중국은 늘 대만이 중국의 일부라고 주장하지요.

**13** Who <u>sings</u> the theme song of this movie?
- 이 영화 주제곡 누가 부르지?

**14** She <u>was</u> a so-called chobo, who <u>feels</u> parking the hardest.
- 그녀는 주차가 가장 어렵다는 소위 초보였다.

**15** There <u>was</u> even no way to know if she <u>was</u> dead or alive.
- 그녀가 죽었는지 살았는지조차 알 길이 없었습니다.

| 1 | (n) 준결승(전) | **semifinal** | • **final** (n) 결승(전) |
|---|---|---|---|
| 2 | (v) 준비, 대비, 각오하다 | **prepare - prepared** | • **prepared** (a) 준비된, 대비된, 각오된 <br> • **preparation** (n) 준비, 대비 <br> • **preparatory** (a) 예비의, 준비의 |
| 3 | (a) 준비된, 채비, 각오가 된 / 기꺼이 ~하는, ~하는 경향이 있는, ~하기 쉬운 / 즉석인, 재빠른 | **ready ( be ready )** | • **readiness** (n) 준비, 신속 <br> • **readily** (adv) 기꺼이, 선뜻, 쉽게, 즉시 <br> • **be ready to do** : 할 각오다, 기꺼이 하다, 하기 쉽다 |
| 4 | (v) 줄이다, 축소하다, 낮추다 | **reduce - ed, decrease - d** | • **reduction, decrease** (n) 감소, 축소, 감축, 인하 <br> • **increase - d** (v) 증가시키다, 늘리다 |
| 5 | (v) 줍다 | **pick up, find** | |
| 6 | (a) (좋지 않은 것에) 중독 된, 빠진 | **addicted ( be addicted )** | • **addict - ed** (v) 중독시키다, 빠지게 하다 <br> • **addict** (n) 중독자 <br> • **addiction** (n) 중독 • **addictive** (a) 중독성의 |
| 7 | (n) 중력, 인력 / 중대함 | **gravity** | • **zero gravity** : 무중력 <br> • **center of gravity** : 무게 중심 <br> • **the gravity of the situation** : 상태의 중대성 |
| 8 | (a) 중요한, 중대한 | **important ( be important )** | • **importance** (n) 중요성, 중대성 <br> • **unimportant** (a) 중요하지 않은 |
| 9 | (adv) 즉시, 즉각, 바로, 당장, 곧 | **immediately, instantly, promptly** | |
| 10 | (adv) 즐겁게, 기분좋게 | **cheerfully, pleasantly, happily** | |
| 11 | (v) 즐기다, 누리다 | **enjoy - enjoyed** | • **enjoy oneself** : 즐겁게 지내다 <br> • **enjoyment** (n) 즐거움, 즐김 |
| 12 | (n) 증거 | **evidence, proof** | • **evidence - d** (v) 분명히 하다, 증거가 되다 <br> • **evident** (a) 분명한, 명백한 |
| 13 | (v) 증명하다, 입증하다, 증명되다 | **prove - proved** | • **prove + (to be) C** : C임이 증명, 판명되다 <br> • **prove + O + (to be) C** : O가 C임을 증명하다 <br> • **proof** (n) 증거, 증명 |
| 14 | (v) 지각하다, 늦다 | **be late, come late** | |
| 15 | (n) 지갑 | **wallet** | |

**1**

Our team <u>lost</u> in the semifinal to class 3.

- 우리 반은 준결승에서 3반에 졌다.

**2**

<u>Are</u> you <u>prepared</u> for your death? Or, <u>do</u> you <u>know</u> what to prepare?

- 당신은 당신의 죽음에 준비가 되어있나요? 혹은, 무엇을 준비해야 하는지 알고 있나요?

**3**

<u>Would</u> you <u>give</u> me a minute? I <u>will get</u> the kids ready.

- 잠깐만 시간을 주시겠어요? 얘들 준비 시킬게요.

**4**

People <u>are</u> anxious that their income <u>will be</u> drastically <u>reduced</u> if the bill <u>is passed</u>.

- 사람들은 그 법안이 통과되면 수입이 급격히 줄어들 것을 염려하고 있습니다.

• be anxious
걱정, 근심, 염려하다

**5**

I <u>leaned</u> over to pick up the money.

- 그 돈을 주우려고 몸을 숙였다.

• lean - ed
기울이다, 숙이다

**6**

The blind faith in rationalism <u>trains</u> us to be addicted to experts.

- 합리주의에 대한 맹신이 우리가 전문가에게 중독되도록 훈련시킵니다.

• rationalism
합리주의
• train + O + to~
O가 ~하도록 훈련하다

**7**

Einstein <u>found</u> that the medium that <u>transmits</u> gravity <u>is</u> space itself.

- 아인슈타인은 중력을 전달하는 매체가 공간 자체라는 것을 발견했지요.

• medium
매체, 수단
• transmit - ted
전달, 전송, 전도하다

**8**

It <u>is</u> the most important to be able to control your emotions.

- 감정을 조절할 수 있는 것이 가장 중요합니다.

**9**

She <u>seemed</u> not to remember what <u>happened</u> immediately after the crash.

- 그녀는 사고 직후 무슨 일이 있었는지 기억하지 못하는 것 같았다.

**10**

As the mood <u>was heightening</u>, they <u>got up</u> from their seats and <u>danced</u> cheerfully.

- 분위기가 무르익어가고, 사람들은 자리에서 일어나 즐겁게 춤을 췄다.

• heighten - ed
고조되다

**11**

I <u>have never met</u> this sort *of* people who <u>enjoy</u> such a high standard of living.

- 나는 이렇듯 높은 수준의 삶을 누리는 사람을 만나본 적이 없어.

**12**

There <u>appears</u> to be little evidence that it <u>will occur</u> soon.

- 그런 일이 곧 일어날 거라는 증거는 거의 없어 보였다.

**13**

I <u>am telling</u> the truth, but I <u>can't find</u> a good way to prove it to *you*.

- 나는 진실을 말하고 있으나, 여러분께 그것을 증명할 수 있는 좋은 방법을 찾을 수가 없군요.

**14**

I <u>don't want</u> to be scolded for **being late again**.

- 또 지각해서 야단맞기 싫어.

**15**

Where <u>did</u> you <u>find</u> the wallet?

- 그 지갑 어디서 주웠나요?

| 1 | (n) ~이, ~에 지겨운, 지루한, 싫증난 | **bored with ~ ( be bored )** | • boring (a) 재미없는, 지루한, 따분한<br>• bore - d (v) 지루하게, 따분하게 하다<br>• boredom (n) 지루함, 따분함, 권태 |
| --- | --- | --- | --- |
| 2 | (n) 지구, 흙, 토양, 대지 / 이 세상 | **earth** | • earthly (a) 세속적인, 이 세상의<br>• earthy (a) 세속적인 / 흙의, 땅의, 흙 같은 |
| 3 | (n) 지구 온난화 | **global warming** | • greenhouse effect : 온실 효과 |
| 4 | (v) 지나가다, 통과하다, 합격하다 / 건네주다, 패스하다 / 넘다 | **pass - passed** | • pass (n) 산길, 오솔길, 통로 / 통행, 통과, 합격 / 패스<br>• passage (n) 통과, 통로, 통행 / 구절 |
| 5 | (n) 지난, 과거의, 최근의 | **past** | • the past (n) 과거, 옛날<br>• present : 현재의 |
| 6 | (a) 지독한, 심한, 끔찍한, 무서운 | **awful, terrible, horrible** | • awesome (a) 멋진, 대단한, 굉장한<br>• awe (n) 두려움, 경외심 |
| 7 | (n) 지식, 학식, 아는 것 | **knowledge** | • common knowledge : 상식, 주지의 사실<br>• general / basic knowledge : 일반 / 기초 지식(교양)<br>• a thirst for knowledge : 지식욕 |
| 8 | (v) 지저귀다, 지껄이다, 재잘대다 | **twitter - twittered** | • the twitter (n) 지저귐, 재잘거림 |
| 9 | (a) 지저분한, 난잡한, 엉망인 | **messy ( be messy )** | • mess (n) 지저분한, 엉망인 상태(상황)<br>• mess - ed (v) 지저분하게, 엉망으로 만들다 |
| 10 | (v) 지지, 옹호, 뒷받침, 후원하다, 유지, 지속하다, 부양하다 | **support - supported** | • support (n) 지지, 지원, 후원, 부양, 원조<br>• supporter (n) 지지자, 후원자 |
| 11 | (v) ~에 지치다, 질리다, 지겹다 | **be tired / sick of ~** | |
| 12 | (v) 지키다, 계속, 유지하다 | **keep - kept - kept** | • keep ~ing : 계속 ~하다<br>• keep + C : ~인채로, ~한 상태로 있다<br>• keep + O + C : O를 C인 상태로 유지하다, 두다 |
| 13 | (n) 진달래 | **azalea** | |
| 14 | (n) 진실(성), 사실, 실상 | **truth** | • element of truth : 일리, 진실의 일면<br>• truthful (a) 진실인, 옳은, 거짓없는, 정직한<br>• true (a) 진실인, 진정한, 진짜인 |
| 15 | (a) 진실된, 진지한, 참된 | **sincere ( be sincere )** | • sincerely (adv) 진심으로, 진정으로, 성실히<br>• sincerity (n) 진실성, 진심, 성실 |

**1** She <u>got</u> slightly bored with sitting and talking with them.

- 그녀는 앉아서 그들과 이야기하는 것이 조금 따분해졌다.

**2** The Earth <u>orbits</u> the Sun once a year, and the Moon <u>orbits</u> the Earth every 27 days.

- 지구는 일 년에 한 번 태양을 돌고, 달은 27일마다 지구를 돈다.

• orbit - ed
궤도를 돌다

**3** Global warming <u>is</u> something that <u>happens</u> to all of us, all at once.

- 지구 온난화는 우리 모두에게 동시에 일어나는 일입니다.

**4** The day <u>looked</u> passing peacefully enough to let me feel relieved.

- 그날은 내가 안도감을 느낄 수 있을 만큼 평화롭게 지나가는 것 같았다.

• relieved
안도하는

**5** From past experience, I <u>knew</u> very well that it <u>was</u> no use arguing with her.

- 지난 경험으로, 나는 그녀와 언쟁하는 것이 소용없음을 잘 알고 있었다.

**6** Today <u>will be</u> the most awful day you <u>have</u> ever <u>had</u>.

- 오늘은 여러분이 겪어본 가장 끔찍한 하루가 될 겁니다.

**7** She <u>dazzled</u> me with her vast knowledge of the world.

- 그녀는 세상에 대한 엄청난 지식으로 나를 현혹시켰다.

• dazzle - d
눈부시게하다, 현혹시
키다

**8** When it <u>began</u> to get dark, birds in the bamboo forest <u>would twitter</u>.

- 어두워지기 시작할 때면, 대나무 숲의 새들이 재잘거리곤 했다.

**9** How <u>can</u> I <u>feel</u> comfortable in such a messy house?

- 이렇게 지저분한 집에서 어떻게 편안할 수가 있겠어?

**10** So, <u>do</u> you <u>have</u> any evidence to support these concerns?

- 그래서, 이런 우려 뒷받침할 증거라도 있나요?

• concern
우려, 염려

**11** There <u>are</u> times when you <u>feel</u> sick and tired of being pushed to compete.

- 경쟁하도록 내몰리는 데 지치는 때가 있지요.

• compete - d
경쟁하다

**12** She <u>managed</u> to keep awake by drinking lots of coffee.

- 그녀는 커피 여러 잔을 마시며 어떻게든 깨어 있었다.

• manage to do
그럭저럭, 어떻게든 ~
하다

**13** He <u>sat</u> quietly beside the azaleas his mother <u>had been taken</u> care of.

- 그는 가만히 어머니께서 가꾸시던 진달래꽃 옆에 앉았다.

**14** They <u>never can destroy</u> truth without destroying each one of us.

- 그들은 우리 모두를 없애기 전에는 절대 진실을 무너뜨릴 수 없습니다.

• destroy - ed
파괴하다, 없애다

**15** Over the months, he <u>has made</u> a sincere effort to improve their relations.

- 지난 몇 달간, 그는 그들의 관계를 좋게 하려고 진지한 노력을 기울였다.

| # | 뜻 | 단어 | 관련어 |
|---|---|---|---|
| 1 | (v) 진정하다, 진정시키다, 가라 앉히다, 달래다 | **calm down** | • **calm - ed** (v) 진정시키다, 가라 앉히다, 달래다<br>• **calm** (a) 고요한, 잔잔한, 조용한, 침착한, 평온한<br>• **calm** (n) 고요, 평온, 침착 |
| 2 | (a) 진짜의, 진정한, 참된 / 실제의, 현실의 | **real ( be real )** | • **really** (adv) 정말, 실제로<br>• **reality** (n) 실제, 현실<br>• **realize - d** (v) 깨닫다, 실현하다 |
| 3 | (v) 진출, 도달, 도착하다, 이르다 | **reach - reached** | • **reach out** : 손을 뻗다, 손을 내밀다<br>• **reach for ~** : ~을 향해 손을 뻗다 |
| 4 | (n) 질문, 물음, 의문, 문제 | **question** | • **question - ed** (v) 질문하다, 묻다, 의심하다<br>• **questionable** (a) 의문, 의심의 여지가 있는<br>• **questionnaire** (n) 설문지 |
| 5 | (v) 집중하다, 집중시키다, 전념하다 | **concentrate, focus (on ~)** | |
| 6 | (v) 징징, 낑낑거리다, 우는소리를 하다, 푸념하다 | **whine - whined** | |
| 7 | (v) 짖다, 고래고래 소리지르다, 호통치다 | **bark - barked** | • **bark order** : 호통치듯 명령하다 |
| 8 | (v) 짜증나다 | **get irritated / annoyed** | • **act irritated, show one's temper** : 짜증부리다<br>• **irritate - d** (v) 짜증나게, 화나게 하다, 자극하다 |
| 9 | (n) 쪽지 | **note, message** | • **slip of paper** : 종잇조각(쪽지) |
| 10 | (v) 쫓아내다, 몰아내다, 추방하다 | **expel, dirve out, throw out** | |
| 11 | (n) 참나무 | **oak tree** | |
| 12 | (n) 참새 | **sparrow** | • **a flock of sparrows** : 참새떼 |
| 13 | (v) 참석, 출석하다, (학교 등에) 다니다 / 수반, 수행하다 / 주의하다 | **attend - attended** | • **attend to ~** : ~을 돌보다, 시중들다 • **attendance** (n) 참석, 출석 • **attendant** (n) 승무원, 수행원, 참석자<br>• **attention** (n) 주의 • **attentive** (a) 주의깊은, 세심한 |
| 14 | (a) 참을성, 인내심 있는, 끈기 있는, 지속적인 | **patient ( be patient )** | • **patient** (n) 환자<br>• **impatient** (a) 참을성 없는<br>• **patience** (n) 참을성, 끈기, 인내심 |
| 15 | (a) 창백한, 파리한 / 옅은, 희미한 | **pale ( be pale )** | • **pale - d** (v) 창백해지다, 옅어지다, 약해지다 |

1. **Let's** have time to calm down and **look at** the situation in a different way.
   - 진정할 시간을 갖고 상황을 다른 방식으로 바라봅시다.

2. In real life, nobody **is** all bad, nor, conversely, all good.
   - 현실의 삶에서, 누구도 완전히 나쁘거나, 정반대로 완전히 선하지는 않아요.

   • conversely
   역으로, 정반대로

3. Reaching for the salt, I **knocked** over the bottle of cooking oil.
   - 소금을 향해 손을 뻗다가, 식용유 병을 쳐서 넘어뜨렸다.

   • knock over
   치어 넘어뜨리다

4. He **tried** to think about the questions the reporters **would want** to ask.
   - 그는 기자들이 묻고 싶어 할 것 같은 질문들을 생각해 보려 했다.

5. I **thought** it's better to concentrate on the good parts of my job.
   - 내 일의 좋은 점에 집중하는 편이 더 좋겠다는 생각이 들었다.

6. Sometimes, she **would come** to me to whine about the troubles with her boyfriend.
   - 때로는, 그녀는 남자친구와의 문제에 대해서 푸념하려 내게 오곤했다.

7. Last night, I **woke** up to drink water, and **heard** his dog barking and whining.
   - 어젯밤에, 물을 마시려고 일어났다가 그의 개가 짖고 낑낑거리는 걸 들었어.

8. I also **got** irritated by his easy-going attitude.
   - 나 역시 그의 안일한 태도에 짜증이 났다.

   • easy- going
   느긋한, 태평스런

9. While leafing through the book, I **found** notes she **had scribbled** to herself.
   - 그 책을 뒤적이다가, 그녀가 혼자 끄적거려 놓은 쪽지들을 발견했다.

   • leaf through
   훑어보다, 넘겨보다
   • scribble - d
   끄적이다, 갈겨쓰다

10. After he **got** expelled from school, things **began** to get even worse.
    - 학교에서 쫓겨난 후, 상황은 더 나빠지기 시작했다.

11. My soul **was** always **soothed** by the giant oak trees in the back hill.
    - 제 영혼은 늘 뒷동산의 커다란 참나무들에서 위로받았지요.

    • soothe - d
    위로하다, 달래다

12. The hardy-orange trees **are** where sparrows **like** to nest most of all.
    - 탱자나무는 참새들이 둥지를 틀기 가장 좋아하는 곳입니다.

13. She **was** on her way to attend a seminar in Jeju island.
    - 그녀는 제주도의 세미나에 참석하러 가는 길이었다.

14. I **thought** to myself that I **would be** endlessly patient with babies.
    - 나는 아기에게 한없이 참을성 있을 거라 혼자 생각했다.

15. He **couldn't get** to sleep until he **saw** the first pale light of dawn.
    - 그는 새벽의 옅은 여명을 볼 때까지 잠들 수 없었다.

| | | | |
|---|---|---|---|
| 1 | (a) 창의, 창조적인, 독창적인 | **creative ( be creative )** | • **creativity** (n) 창의성, 독창성<br>• **create - d** (v) 창조하다, 만들어 내다<br>• **creation** (n) 창조, 제작 • **creature** (n) 생물, 동물 |
| 2 | (v) 찾다, 구하다, 물색하다 | **look for ~, search for ~, find** | |
| 3 | (v) ~로 채워지다, 가득차다 | **be filled with ~** | • **fill - filled** (v) 채우다, 메우다<br>• **fill A with B** : A를 B로 채우다 |
| 4 | (a) 책임, 책임감 있는<br>/ ~의 원인이 되는 | **responsible ( be responsible )** | • **responsibility** (n) 책임(감), 의무<br>• **irresponsible** (n) 무책임한, 책임감 없는 |
| 5 | (v) 처신하다, 행동하다 | **behave - behaved** | • **behavior** (n) 행동, 행위, 품행, 태도, 습성<br>• **misbehave - d** (v) 버릇없이, 나쁘게 행동하다 |
| 6 | (n) 처음, 시작, 최초, 초기, 기원 | **beginning** | • **from the beginning** : 처음부터<br>• **at the very beginning** : 애당초<br>• **from beginning to end** : 시종일관 |
| 7 | (av) 처음에, 최초에 / 먼저, 우선 | **at first** | |
| 8 | (v) ~인 척, 채하다, ~라 가장하다 | **pretend - pretended** | • **pretend to do** : ~하는척 하다<br>• **pretend that S + V** : ~라 가장(상상)하다 |
| 9 | (a) 천연의, 자연의, 타고난<br>/ 자연스런, 정상적인 | **natural ( be natural )** | • **natural resources, disaster** : 천연 자원, 자연 재해<br>• **nature** (n) 자연, 본성<br>• **artificial** : 인공적인, 인위적인 |
| 10 | (adv) 천천히, 느리게 | **slowly** | • **gradually** : 서서히<br>• **littly by little, bit by bit** : 조금씩, 서서히<br>• **quickly** : 빠르게 |
| 11 | (v) 첨가되다, 더해지다, 추가되다 | **be added** | • **add - ed** (v) 더하다, 첨가하다, 덧붙이다<br>• **addition** (n) 더하기, 첨가, 추가<br>• **additional** (a) 추가의, 부가적인 |
| 12 | (n) 청둥오리 | **mallard** | |
| 13 | (v) 청소하다, 깨끗이하다 | **clean - cleaned** | • **clean** (a) 깨끗한, 청결한, 순결한, 간결한<br>• **clean** (av) 깨끗이 / 완전히 |
| 14 | (n) 체온 | **body temperature** | • **basal body temperature** : 기초 체온<br>• **lower / raise / keep body temperature**<br> : 체온을 낮추다 / 올리다 /유지하다 |
| 15 | (n) 체조 선수 | **gymnast** | • **gym** (n) 체육관, 체조, 체육 |

**1** Are we encouraging our students to use and develop their creative abilities?
- 우리 학생들에게 그들의 창의력을 사용하고 개발하도록 장려하고 있는가?

• encourage - d
격려, 장려하다

**2** We are looking for people who have field experiences rather than paper qualifications.
- 우리는 서류상의 자격증보다는 현장경험을 가진 사람을 찾고 있습니다.

• qualification
자격, 자격증

**3** The forest was filled with the sound of twittering birds and running water.
- 숲은 지저귀는 새 소리와 흐르는 물소리로 가득했다.

**4** If you really feel responsible for the deaths, how dare you show this attitude?
- 그 죽음에 정말로 책임감을 느낀다면, 어떻게 감히 이런 태도를 보일 수 있습니까?

• how dare ~
어떻게 감히 ~

**5** I didn't expect you to behave in this way. I was so disappointed.
- 네가 그런 식으로 행동할 거라고는 예상하지 못했다. 정말 실망이다.

**6** That was just the beginning of a totally new and different life for her.
- 그것은 그녀에게는 완전히 새롭고 다른 삶의 시작이었다.

**7** At first, they had no regard for their son's a little bit odd behavior.
- 처음에, 그들의 아들의 약간은 이상한 행동을 대수롭지 않게 여겼다.

• have no regard
for~
~을 대수롭지 않게 여
기다

**8** Sometimes, there are cases in which you have to pretend to be ill.
- 가끔은, 아픈 척해야 하는 그런 경우가 있지요.

**9** Just like birth, death is also a natural event, which you have to accept.
- 태어남과 같이, 죽음 또한 당신이 받아들여야 하는 자연스러운 일입니다.

**10** Can you speak more slowly? I can't understand what you're saying.
- 좀 천천히 말씀해 주실 수 있나요? 무슨 말을 하는지 알 수가 없어요.

**11** Green tea is added to the soup to get rid of the chicken smell.
- 닭고기 냄새를 없애기 위해서 국물에 녹차가 첨가됐습니다.

• get rid of ~
~을 제거하다

**12** Hundreds of mallards are still visiting this pond to stay during the winter.
- 수백 마리의 청둥오리가 여전히 겨울을 나기 위해서 이 연못을 찾아오고 있습니다.

**13** These cooking utensils are made of stainless steel and are very easy to clean.
- 이 조리 기구들은 스테인리스로 만들어졌고 청소하기가 쉽지요.

• utensil
가정용 기구, 도구

**14** Most animals have ways that maintain their body temperature.
- 대부분의 동물은 체온을 유지하는 수단을 가지고 있습니다.

**15** His sister was a gymnast in high school and won many awards.
- 그의 누나는 고등학교 때 체조 선수였고 상을 많이 탔다.

| | | | |
|---|---|---|---|
| 1 | (v) 체포, 검거하다 / (주의, 눈길을) 끌다 / 막다, 방해하다 | **arrest - arrested** | • **arrest** (n) 체포, 구금<br>• **arrest warrant** : 체포영장 |
| 2 | (n) 초능력, 초 자연적인 힘, 마력 | **supernatural powers** | • **supernature** (n) 초자연 |
| 3 | (v) 초대, 초청하다 / 가져오다, 초래하다 / 요구, 요청하다 | **invite - invited** | • **invite + O + to do** : O에게 ~하라고 요구, 요청하다<br>• **invitation** (n) 초대, 초청<br>• **uninvited** (a) 초대받지 않은, 불청의, 쓸데없는 |
| 4 | (n) 초등학교 | **elementary school** | • **middle/high/public/private/alternative school**<br> : 중/고등/공립/사립/대안 학교 |
| 5 | (n) 초인종 | **doorbell** | • **ring(press) the doorbell** : 초인종을 누르다<br>• **answer the doorbell** : 초인종소리에 문을열다 |
| 6 | (a) 초조한, 불안한, 신경 과민의 / 신경의, 신경성의 | **nervous ( be nervous )** | • **nerve** (n) 신경, 신경 조직<br>• **nervous system** : 신경계<br>• **nervous breakdown** : 신경 쇠약, 노이로제 |
| 7 | (a) 촉촉한, 축축한, 젖은, 습한 | **moist, damp, wet, humid** | |
| 8 | (n) 촛불 | **candlelight** | • **by candlelight** : 촛불을 켜 놓고 |
| 9 | (a) 총명한, 똑똑한, 이해력 있는, 지능적인 | **intelligent ( be intelligent)** | • **intelligence** (n) 지능, 지성 / 첩보<br>• **intelligible** (a) 이해할 수 있는, 이해가 쉬운 |
| 10 | (av) 최근에, 요즘 | **recently, lately** | |
| 11 | (a) 최신의 | **the latest, the newest, up-to-date** | • **out-of-date, old-fashioned** : 구식의 |
| 12 | (a) 추운, 혹한의, 냉담한 / 얼기 시작한, 빙점의 | **freezing** | • **freeze - froze - forzen** (v) 얼다, 얼리다, 냉동시키다<br>• **freezing winter/day/point** : 혹한의 겨울/날/빙점 |
| 13 | (n) 축제, 기념일 | **festival** | • **film festival** : 영화제 |
| 14 | (n) 출구 | **exit** | • **exit strategy** : 출구 전략<br>• **exit poll** : 출구 조사<br>• **emergency exit** : 비상구 |
| 15 | (v) ~출신이다, ~에서 왔다 | **be from ~, come from ~** | |

**1**

He <u>has been arrested</u> for drunk driving.

- 그는 음주운전으로 체포된 적이 있다.

• drunk driving
음주운전

**2**

She <u>was</u> an evil spirit who <u>looked</u> like a human and <u>possessed</u> supernatural powers.

- 그녀는 사람처럼 생긴 마력을 가진 악령이었다.

• possess - ed
소유하다, 지니다

**3**

I<u>'d like</u> to invite you to my house for dinner tonight.

- 오늘 저녁 식사에 집으로 초대하고 싶은데.

**4**

Next year, most elementary schools around this area <u>are likely to be closed</u>.

- 내년에는, 이 지역의 대부분의 초등학교가 문을 닫을 것 같아요.

**5**

I <u>woke up</u> to the sound of the doorbell ringing.

- 초인종 울리는 소리에 잠이 깼다.

**6**

She <u>was</u> a little nervous about leaving the kids at home all alone.

- 그녀는 아이들 홀로 집에 남겨두는 것이 약간 마음에 걸렸다.

• all alone
홀로, 혼자서

**7**

These kinds of trees <u>like</u> well-draining, moist and slightly acid soil.

- 이런 종류의 나무는 배수가 잘되고, 습하며 약간 산성의 토양을 좋아합니다.

• drain - ed
물을 빼내다, 배수하다

**8**

There <u>is</u> nothing like candlelight for creating a romantic mood.

- 로맨틱한 분위기를 만드는 데 촛불만 한 게 없지.

**9**

I <u>know</u> she <u>is</u> a very bright and intelligent woman who <u>knows</u> what to do.

- 나는 그녀가 무엇을 해야 하는지 아는 아주 총명하고 이해력 있는 여성이라는 걸 안다.

• bright
밝은, 영리한, 총명한

**10**

Unfortunately, things <u>have not gone</u> well for our company recently .

- 안타깝게도, 최근에 상황이 우리 회사에 좋지 않았습니다.

• go well
~잘 되다, 순조롭다

**11**

This <u>is</u> the lastest fashion.

- 이게 최신 패션이지.

**12**

He <u>packed up</u> his gear and <u>walked</u> out into the freezing cold winter mountain.

- 그는 장비를 챙겨서 매섭게 추운 겨울 산으로 걸어들어 갔다.

• pack up
(짐을) 싸다, 챙기다
• gear
장비

**13**

Of course, they <u>planed</u> this jazz festival in order to attract tourists.

- 물론, 관광객을 끌어들이려고 이 재즈 페스티벌을 기획했겠지.

**14**

There <u>was</u> no emergency exit.

- 비상구가 없었다.

**15**

It <u>is not</u> important which country you are from.

- 네가 어느 나라에서 왔는가는 중요하지 않다.

| | | | |
|---|---|---|---|
| 1 | (v) 충격 받다 | **be shocked** | • **shock - ed** (v) 충격을 주다 |
| 2 | (v) 충고, 조언하다, 권하다 / 알리다, 통지하다 | **advise - advised** | • **advise + O + to do** : O에게 ~하라고 조언, 충고하다<br>• **advice** (n) 충고, 조언, 권고<br>• **advisable** (a) 바람직한, 타당한, 현명한 |
| 3 | (a) 충분한, 족한 | **enough ( be enough )** | • **enough** (n) 충분한 양(수), 충분<br>• **enough** (adv) 충분히<br>• **enough to do** : ~할 만큼 충분히(한), ~할 만큼 |
| 4 | (n) 충전기 | **charger** | • **charge - d** (v) 충전하다 / 청구하다 / 고발하다 |
| 5 | (v) 충족, 만족시키다, 이해, 납득 시키다 | **satisfy - satisfied** | • **satisfaction** (n) 충족, 만족<br>• **satisfactory** (a) 만족스러운 |
| 6 | (v) 취급하다, 다루다, 대하다 / 여기다, 간주하다 / 치료, 처치하다 | **treat - treated** | • **treat** (n) 한턱 내기, 대접, 기쁨<br>• **maltreat, mistreat - ed** (v) 학대, 혹사하다<br>• **treatment** (n) 대우, 처리, 치료 |
| 7 | (n) 취미 | **hobby** | • **pastime** : 오락, 취미, 여가<br>• **leisure activity** : 여가 활동 |
| 8 | (v) 취소, 철회하다, 없애다 | **cancel - cancelled** | • **call off** : 취소하다 |
| 9 | (n) ~층 | **the ~ floor** | • **the first/second/third/fourth floor** : 1/2/3/4층<br>• **the upper/lower floor** : 위층/아래층 |
| 10 | (v) 치료중이다 | **be under treatment** | • **treatment** (n) 대우, 처리, 치료<br>• **treat - treated** (v) 취급하다, 여기다, 치료하다 |
| 11 | (n) 치마, 스커트 / 가장자리, 변두리 | **skirt** | • **skirt - ed** (v) ~의 가장자리를 지나다 / 회피하다<br>• **the skirts of a forest/hill/village**<br>: 숲의/언덕의/마을의 가장자리, 변두리 |
| 12 | (n) 치욕, 불명예, 망신 | **disgrace** | • **disgrace- d** (v) 명예를 더럽히다, 치욕을 가져오다<br>• **grace** (n) 우아함, 품위, 은혜 |
| 13 | (v) 치우다, 깨끗이 하다 / 분명히, 명확히 하다 | **clear - cleared** | • **clear** (a) 맑은, 밝은, 깨끗한 / 분명한, 명확한 |
| 14 | (v) 친구를 사귀다, 친구가 되다 | **make friends (with ~)** | |
| 15 | (a) 친절한, 마음씨 고운 / 온화한, 기분좋은 | **kind ( be kind )** | • **kind** (n) 종류 (sort, type)<br>• **kindness** (n) 친절, 호의<br>• **kindly** (adv) 친절하게 |

1. I **was shocked** at the sudden change of her attitude.
   - 그녀의 갑작스러운 태도 변화에 충격을 받았다.

- attitude
  태도

2. I'd like to **advise** you to think very carefully before making any decision.
   - 어떤 결정을 하기 전에 깊이 생각해보라고 충고하고 싶다.

3. **Will** this **be** enough to persuade them to do that?
   - 이것으로 그들이 그렇게 하도록 설득하기에 충분할까요?

- persuade+O+to~
  O가 ~하도록 설득하다

4. I **forgot** my phone charger. **May** I **use** yours?
   - 충전기를 깜빡했어. 네 것 좀 써도 될까?

5. Nothing in this world **is** enough to satisfy our desires.
   - 이 세상의 어떤 것도 우리의 욕망을 충족시키기에는 충분하지 않아요.

- desire
  욕구, 욕망

6. I **want** you to treat him very nicely like your family.
   - 너희가 그를 가족처럼 아주 잘 대해 줬으면 좋겠다.

7. She **didn't think** her painting as anything more than a hobby.
   - 그녀는 그림 그리기를 취미 이상으로 생각하지 않았다.

8. **Let's make** it clear that under no circumstances **will** you **cancel** this trip.
   - 어떤 상황에서도 네가 이 여행을 취소하지 않을 거라는 걸 분명히 하자.

- circumstance(s)
  환경, 형편, 사정, 정황

9. Patient rooms **are** from the third to fifth floor of the hospital.
   - 입원실은 병원 삼 층에서 오층까지입니다.

10. I **met** my wife when I **was** under treatment at the hospital.
    - 저는 병원에서 치료 중일 때 제 아내를 만났습니다.

11. She **appeared** in a long black skirt and a white baggy V−neck sweater.
    - 그녀는 긴 검정색 치마에 하얀색 배기 스웨터를 입고 나타났다.

- baggy
  헐렁한, 배기

12. If not changing your arrogant attitude, you **will** also **have to resign** in disgrace.
    - 당신의 오만한 태도를 바꾸지 않으면, 당신도 치욕스럽게 사퇴할 수밖에 없을 겁니다.

- arrogant
  건방진, 오만한
- resign - ed
  사퇴하다

13. Early in the morning, the old man **went out** to clear the snow in front his house.
    - 이른 아침, 그 노인은 집 앞의 눈을 치우려고 나왔습니다.

14. So, he **wanted** to make friends with the kids playing on the street.
    - 그래서, 그는 길에서 노는 아이들과 친구가 되고 싶었습니다.

15. Why **are** you so kind to me?
    - 나한테 왜 그렇게 친절한 거야?

| | | | |
|---|---|---|---|
| 1 | (n) 친척 | relative | • **relative** (a) 상대적인 / 관계, 관련 있는<br>• **relativity** (n) 상대성<br>• **relate - d** (v) 관련, 관계 짓다 / 이야기하다, 말하다 |
| 2 | (v) (침 등을) 뱉다 / 내 뱉듯 말하다<br>/ 경멸하다 | spit - spat - spat | • **saliva** (n) 침, 타액 |
| 3 | (n) 침략, 침입하다 / 난입하다<br>/ 침해, 침범하다 | invade - invaded | • **invasion** (n) 침략, 침입, 난입, 침해 |
| 4 | (n) 침묵 / 고요, 정적 | silence | • **break silence** : 침묵, 정적을 깨다<br>• **the right to silence** : 묵비권<br>• **silent** (a) 침묵의, 고요한 |
| 5 | (v) 침착하다 | stay cool / calm | • **cool** (a) 냉정한, 침착한<br>• **calm** (a) 차분한, 침착한 |
| 6 | (v) 칭찬하다, 찬미하다 | praise - praised | • **praise** (n) 칭찬, 찬미 |
| 7 | (n) 캠페인. (선거) 운동, 활동<br>/ 군사행동, 작전 | campaign | • **campaign for / against** : ~에 찬성/반대하는 운동<br>• **election campaign** : 선거 운동<br>• **campaign promise** : 선거 공약 |
| 8 | (v) 캠핑 가다 | go camping | • **go shopping/swimming** : 쇼핑/수영 가다<br>• **go for a walk/a swim** : 산책/수영하러 가다<br>• **go on a trip/picnic** : 여행/소풍을 떠나다 |
| 9 | (v) 켜다 / 끄다 | turn on / off | • **switch on / off** : 켜다 / 끄다 |
| 10 | (v) 코를 파다, 후비다 | pick one's nose | |
| 11 | (v) 코피 흘리다 | have / get a nosebleed | • **have a bloody nose** : 코피 흘리다 |
| 12 | (n) 콤플렉스, 강박 관념<br>/ ~단지, 센터, 복합체 | complex | • **have a complex about ~** : ~에 콤플렉스가 있다<br>• **complex** (a) 복합적인, 복잡한, 까다로운<br>• **complexity** (n) 복잡함, 복잡성 |
| 13 | (n) 콩 | soybean | • **soybean paste (soup)** : 된장 (찌개)<br>• **soybean milk** : 두유 |
| 14 | (n) 쿠폰, 절취식 표, ~권, 표,<br>응모권 | coupon | • **a coupon ticket** : 절취식 표<br>• **a food coupon** : 음식 교환권<br>• **a money-off / discount coupon** : 할인 쿠폰 |
| 15 | (av) 큰 목소리로 | in a loud voice | • **loudly** : 큰 소리로 |

1. A good neighbor **is** better than a relative far away.

   - 멀리 있는 친척보다 좋은 이웃이 더 낫다.

2. **Don't slander** them in front of others. It **is** just spitting in your face.

   - 다른 사람들 앞에서 그들을 욕하지 마라. 그건 네 얼굴에 침 뱉기다.

   • slander - ed
   비방하다

3. **Looking** into my mobile phone **is** just invading my privacy.

   - 내 폰을 살펴보는 것은 내 프라이버시를 침해하는 거야.

   • look into ~
   ~를 조사하다, 살펴보다

4. There **was** a silence in the house, and then the doorbell **broke** it.

   - 집안에는 정적이 흘렀고, 초인종 소리가 정적을 깼다.

5. She **tried** to stay cool while the policeman **was explaining** the situation.

   - 경찰관이 상황을 설명하는 동안 그녀는 침착하려 애썼다.

   • explain - ed
   설명하다

6. Some people **criticized**, others **praised** the writer for dealing with that issue.

   - 그 문제를 다룬 것에 대해서 어떤 사람들은 그 기자를 비난했고, 어떤 사람들은 칭찬했다.

   • criticize - d
   비난하다

7. During election campaigns, candidates **promise** many things to the people.

   - 선거 운동 동안에, 후보자들은 시민들에게 많은 것을 약속합니다.

   • candidate
   후보자, 지원자

8. **Let's go** camping to the riverside tonight. I **want** to see stars in the dark sky.

   - 오늘 밤에 강가로 캠핑 가요. 어두운 밤하늘의 별을 보고 싶어요.

9. I **went** into the bathroom and **turned on** the shower.

   - 화장실로 가서 샤워기를 켰다.

10. Please, **stop** picking your nose.

    - 코 좀 그만 파라.

11. Whenever you **pick** your nose, you **have** a nosebleed.

    - 넌 코만 파면, 코피를 흘리잖아.

12. These social or cultural factors **make** us have a complex about our looks.

    - 이러한 사회적 또는 문화적 요인들이 우리가 외모에 콤플렉스를 갖게 합니다.

13. On a day like this, I **like** to eat soybean paste soup my mom makes.

    - 이런 날에는, 엄마가 끓여주는 된장찌개가 먹고 싶어.

14. I **clicked** a text message saying that I **won** a free coupon for pizza.

    - 공짜 피자 쿠폰에 당첨되었다는 문자메시지를 클릭했습니다.

15. The boy **began** to call out in a loud voice. "Help!" "Help!"

    - 아이는 큰 소리로 외치기 시작했습니다. "도와주세요!".

| | | |
|---|---|---|
| 1 | (v) 키우다, 기르다 , 양육하다 | **raise - raised, rear - reared, bring up - brought up** |
| 2 | (v) (탈것에)타다 | **ride - rode - riden** |
| 3 | (n) 타월, 수건 | **towel** • **kitchen/dish towel** : 키친 타월/행주 <br> • **face/bath towel** : 수건/목욕 타월 |
| 4 | (v) 타이핑하다 | **type - typed** |
| 5 | (n) 탐욕, 욕심, 식탐 | **greed** • **greed for ~** : ~에 대한 욕심 <br> • **greedy** (a) 탐욕스러운, 욕심 많은 |
| 6 | (v) 탓하다, 비난하다, 나무라다 | **blame - blamed** • **blame O for ~** : ~때문에 O를 탓하다 <br> • **blame O on ~** : O를 ~탓으로 돌리다, 탓하다 <br> • **blame** (n) 비난, 책망, 책임 |
| 7 | (n) 태도, 자세 | **attitude** • **positive/negative attitude** : 긍정적/부정적 자세 <br> • **mature/strong attitude** : 성숙한/강정한 태도 <br> • **attitudinal** (a) 태도의, 사고 방식의 |
| 8 | (n) 태양계 | **solar system** • **solar** (a) 태양의 / **lunar** : 달의 <br> • **galaxy, Milky way** : 은하계 |
| 9 | (v) 태어나다, 탄생하다 | **be born** • **bear - bore - born** (v) 낳다, 출산하다 |
| 10 | (v) 태연하다, 아무렇지 않다, 무관심하다 | **be indifferent** • **indifference** (n) 무관심, 냉담 |
| 11 | (n) 텃밭, 채소밭 | **vegetable garden** |
| 12 | (a) 텅빈, 빈, 공허한, 허무한 | **empty ( be empty )** • **empty of ~** : ~이 없는 <br> • **empty - emptied** (v) 비우다 <br> • **emptiness** (n) 텅빔, 공허함, 공백, 허무 |
| 13 | (n) 테두리, 가장 자리, 끝 | **edge** • **the outer/inner edge** : 바깥/안쪽 테두리 <br> • **the top/bottom edge** : 상단/하단 <br> • **the edge of the sea** : 바닷가 |
| 14 | (v) 텐트 치다 | **put up/set up/pitch a tent** • **take down a tent** : 텐트를 걷다 |
| 15 | (n) 텔레파시 | **telepathy** |

**1** His father <u>went</u> to war, leaving his mother alone to raise four kids.
- 그의 아버지는 어머니 혼자서 네 명의 아이를 기르도록 남겨두고 전쟁에 나갔다.

**2** In Korea, the elderly, over 65, <u>are able to ride</u> the subway for free.
- 한국에서, 65세 이상의 노인은 무료로 지하철을 이용할 수 있습니다.

• elderly
노인

**3** He <u>had</u> a towel around his neck to wipe the sweat off his face.
- 그는 얼굴에 땀을 닦으려고 목에 수건을 두르고 있었다.

**4** He <u>was typing</u> something with his two fingers, crouching in front of the computer.
- 그는 컴퓨터 앞에 웅크리고, 독수리 타법으로 뭔가를 타이핑하고 있었다.

• crouch - ed
쭈그리다, 웅크리다

**5** Our greed <u>knows</u> no bounds. It <u>is</u> just like pouring water into a bottomless jar.
- 우리의 탐욕은 끝을 모릅니다. 그것은 마치 밑 빠진 독에 물 붓기와 같지요.

• bounds
한계, 한도

**6** You <u>can't blame</u> them for trying to make money.
- 돈 벌려고 한 것 때문에 그들을 비난할 수는 없지.

**7** I <u>knew</u> that my attitude <u>would make</u> some of them angry.
- 내 태도가 그들 중 몇몇을 화나게 할 거라는 걸 알고 있었어.

**8** You <u>seem</u> to believe that the solar system <u>is revolving</u> around you.
- 넌 태양계가 널 중심으로 돈다고 생각하는 것 같구나.

• revolve - d
돌다

**9** I <u>was born</u> and <u>raised</u> here.
- 난 여기서 태어나 자랐다.

**10** I <u>thought</u> she <u>was indifferent</u> to the suffering of others.
- 난 그녀가 다른 사람들의 고통에는 무관심하다고 생각했다.

• suffering
고통, 괴로움

**11** There <u>are</u> plenty of chubby earthworms in this vegetable garden.
- 이 텃밭에는 통통한 지렁이가 많아요.

• chubby
통통한, 토실토실한

**12** The room <u>has been</u> empty for several years after his son <u>left</u> home.
- 그 방은 그의 아들이 집을 떠난 후 몇 년 동안 비어있었다.

**13** Sometimes, I <u>banged</u> my toes on the edge of the leg of my bed.
- 가끔, 나는 침대 다리의 모서리에 발가락을 부딪쳤다.

• bang - ed
쾅 치다, 부딪치다

**14** When we <u>arrived</u> there, we <u>couldn't find</u> dry ground on which to pitch our tent.
- 우리가 거기 도착했을 때, 텐트를 칠 만한 마른 땅을 찾을 수 없었다.

**15** They <u>seemed</u> to communicate by telepathy instead of any language.
- 그들은 어떤 언어 대신 텔레파시로 소통하는 것 같았다.

| 1 | (v) 토하다, 게우다 | **vomit - vomited** | • **vomit** (n) 구토, 분출물<br>• **vomit blood** : 피를 토하다<br>• **vomit up one's dinner** : 저녁 먹은 것을 토하다 |
|---|---|---|---|
| 2 | (v) 통과하다, 지나가다, 합격하다<br>(시간을) 보내다 / 건네주다 | **pass - passed** | • **pass away** : 사망하다<br>• **pass** (n) 오솔길, 통로, 통과, 통행(증), 합격, 패스<br>• **passage** (n) 통과, 통로, 통행 |
| 3 | (v) 통제, 지배, 단속, 관리하다,<br>억제, 제어하다 | **control - controlled** | • **control** (n) 통제(력), 지배(력), 억제(력)<br>• **under control** : 통제하의, 지배되는<br>• **disease control** : 질병관리 |
| 4 | (v) 통화중이다 | **be on the phone** | |
| 5 | (av) 퇴근 후에, 일을 끝내고 | **after work** | |
| 6 | (v) ~에 대해 투덜거리다, 불평하다,<br>하소연하다 | **complain - complained of/about ~** | • **complain that S+V**<br>• **complaint** (n) 불평, 불만, 푸념 |
| 7 | (n) 투명 인간 | **invisible man** | • **invisible** (a) 보이지 않는, 볼 수 없는<br>• **visible** (a) 보이는, 알아볼 수 있는 |
| 8 | (a) 특별한, 특수한, 특이한 | **special ( be special )** | • **specially** (adv) 특히, 특별히<br>• **specialize - d** (v) 전공하다, 전문으로 하다<br>• **specialist** (n) 전문가, 전문의 |
| 9 | (a) 특정한, 특유의, 특별한 | **particular, certain, specific** | |
| 10 | (av) 특히 | **specially, especially, particularly** | |
| 11 | (v) 파괴하다, 파멸, 멸망시키다 | **destroy - destroyed** | • **destruction** (n) 파괴, 파멸, 멸망<br>• **destructive** (a) 파괴적인 |
| 12 | (n) 파리 | **fly ( flies )** | • **fly - flew - flown** (v) 날다 |
| 13 | (n) 파출소 | **police stand, police box** | • **police station** : 경찰서 |
| 14 | (v) 판단, 판정, 심사, 평가하다,<br>재판하다 | **judge - judged** | • **judge** (n) 판사, 재판관, 심사관<br>• **judgement** (n) 판단, 판정, 심사, 평가 |
| 15 | (v) 팔다, 팔리다 | **sell - sold - sold** | |

**1** I <u>vomited</u> all I <u>had eaten</u> in the service area.

- 나는 휴게소에서 먹은 걸 몽땅 토했다.

**2** How <u>could</u> he <u>pass</u> the security checkpoint?

- 그는 어떻게 보안 검색대를 통과할 수 있었을까?

• security
보안, 안보

**3** At his words, I <u>couldn't control</u> my temper and threw a punch.

- 그의 말에, 내 성을 참지 못하고 주먹을 날렸다.

• temper
성질

**4** Who <u>was</u> that on the phone? I<u>'ve called</u> two times and <u>kept</u> getting a busy signal.

- 누구랑 통화한 거야? 두 번이나 전화했는데 계속 통화 중이었어.

• a busy signal
통화 중 신호

**5** <u>Do</u> you <u>have</u> any plan after work tomorrow?

- 내일 일 끝나고 계획있어?

**6** Instead of complaining about their attitude, <u>contemplate</u> your own mind.

- 그들의 태도에 대해서 불평하는 대신, 당신 자신의 마음을 관조해 보세요.

• contemplate - d
관조하다, 깊이 생각하
다

**7** Except her, all of them <u>treat</u> me like an invisible man.

- 그녀를 제외하고, 그들 모두는 나를 투명 인간처럼 취급했습니다.

**8** There <u>was</u> one special girl I <u>had</u> an eye on in the class.

- 그 반에는 내가 눈여겨 본 한 특별한 아이가 있었다.

**9** <u>Do</u> you <u>have</u> any particular reason to take part in this competition?

- 이 대회에 참가한 특별한 이유라도 있나요?

• take part in ~
참가하다

**10** My mom <u>is</u> especially <u>fond</u> of this flower.

- 엄마는 특히 이 꽃을 좋아해.

• be fond of ~
~을 좋아하다

**11** The beautiful forests <u>were</u> almost completely <u>destroyed</u> by the terrible fire.

- 아름다운 숲은 끔찍한 화재로 거의 완전히 파괴되었습니다.

**12** There <u>were</u> flies <u>buzzing</u> all around the cow.

- 그 소 주위로 파리들이 윙윙거리고 있었다.

• buzz - ed
윙윙거리다

**13** The kids <u>took</u> the money they <u>had picked up</u> to the police box.

- 아이들은 주운 돈을 파출소에 가져다주었다.

**14** <u>Do not judge</u> me too harshly, as I <u>was</u> very young at the time.

- 나를 너무 가혹하게 평가하지는 마라. 난 그때 아주 어렸으니까.

• harshly
가혹하게, 엄하게

**15** We <u>want</u> to sell the apartment and <u>move</u> to this town.

- 아파트를 팔고 이 마을로 이사 오려고요.

| | | |
|---|---|---|
| 1 | (n) 패배, 타파, 타도, 좌절 | **defeat** |
| 2 | (v) 팽창, 확장, 확대하다 | **expand - expanded** |
| 3 | (n) 고급 민박(펜션) / 연금 | **pension** |
| 4 | (a) 편리한, 형편에 맞는(편한) | **convenient ( be convenient )** |
| 5 | (a) 편안한, 쾌적한, 안락한 | **comfortable ( be comfortable)** |
| 6 | (a) 평범한, 보통의 | **ordinary, common, normal** |
| 7 | (a) 평상시의, 일상의, 평범한 | **usual ( be usual )** |
| 8 | (n) 평원, 평야, 평지 | **plain** |
| 9 | (n) 평화, 평온, 화합 | **peace** |
| 10 | (v) 포기, 단념, 중단하다, 양보하다, 내주다 | **give up - gave up - given up** |
| 11 | (n) 포도 | **grape** |
| 12 | (n) 포식자, 약탈자 | **predator** |
| 13 | (n) 폭력, 폭행, 난폭 / 격렬, 맹렬 | **violence** |
| 14 | (v) 폭발하다, 터지다 | **explode - exploded** |
| 15 | (a) 폭풍우치는, 날씨가 험악한 / 세찬, 격렬한, 사나운 | **stormy ( be stormy )** |

1.
- **defeat - ed** (v) 패배시키다, 타파, 타도하다
- **undefeated** (a) 불패의
- **defeatism** (n) 패배주의

2.
- **expansion** (n) 팽창, 확장, 확대
- **expansive** (a) 팽창성 있는, 광범위한
- **expanse** (n) 광활한 공간

3.
- **national pension** : 국민연금
- **retirement pension** : 퇴직연금

4.
- **convenience** (n) 편리, 편이, 용이함
- **convenience store** : 편의점
- **inconvenience** (n) 불편

5.
- **uncomfortable** (a) 불편한
- **comfort** (n) 편안함, 위로, 위안, 안락
- **comforting** (a) 위로가 되는

6.
- **extraordinary, uncommon, abnormal** : 비범한, 평범하지 않은

7.
- **as usual** : 여느 때처럼
- **than usual** : 평소보다
- **unusual** (a) 보기 드문, 비범한

8.
- **plain** (a) 분명한, 숨김 없는, 꾸미지 않은, 평범한

9.
- **peaceful** (a) 평화로운, 평화적인

10.
- **give up ~ing** : ~하는 것을 단념, 포기하다

11.
- **a bunch of grapes** : 포도 한 송이
- **vine (grapevine)** : 포도나무, 덩굴 식물

12.
- **predation** (n) 포식, 약탈, 포식 관계
- **predatory** (a) 포식의, 약탈의

13.
- **violate - d** (v) 위반, 침해하다
- **violent** (a) 폭력적인, 격렬한
- **domestic violence** : 가정폭력

14.
- **explosion** (n) 폭발
- **explosive** (a) 폭발적인 (n) 폭발물, 폭약

15.
- **storm** (n) 폭풍(우)

1. I **am not going to admit** defeat until I have to.
   - 저는 그렇게 해야 할 때까지 패배를 인정하지 않겠습니다.

- admit - ted
  인정하다

2. So, how **can** we **prove** that the universe **is** constantly **expanding**?
   - 그러면, 어떻게 우주가 끊임없이 팽창하고 있다는 것을 증명할 수 있을까요?

- constantly
  끊임없이, 계속

3. I **have** already **reserved** a pension there.
   - 벌써 거기에 펜션을 예약했어.

4. This small handle, a worker's simple idea, **made** it very convenient to use.
   - 한 직원의 간단한 아이디어인 이 작은 손잡이가 그것을 사용하기 아주 편리하게 만들었습니다.

5. **Do** you **have** friends or neighbors you **can have** a comfortable chat with?
   - 편안한 대화를 할 수 있는 친구나 이웃이 있나요?

6. The pandemic **has** substantially **changed** the everyday life of ordinary people.
   - 그 팬데믹은 평범한 사람들의 일상을 상당히 바꾸어 놓았다.

- pandemic
  유행병
- substantially
  상당히, 현저히

7. Of course, the subway **arrived**, jam-packed as usual.
   - 당연히, 지하철은 평소처럼 꽉 찬 채로 도착했다.

- (jam)- packed
  꽉 찬, 만원인

8. The castle on the hill **was overlooking** the boundless fertile plain.
   - 언덕 위의 그 성은 드넓고 비옥한 평야를 내려보고 있었다.

- overlook - ed
  바라보다 / 간과하다

9. They **seemed** to consider peace of mind as utopia.
   - 그들은 마음의 평온을 유토피아로 여기는 것 같았다.

10. There **is** no future for the people who **give up** here.
    - 여기서 포기하는 사람에게는 미래가 없다.

11. The hot sun **enables** grapes to reach optimum ripeness.
    - 뜨거운 태양은 포도가 최적의 성숙 상태에 이르게 해 줍니다.

- optimum
  최적의, 최고의
- ripeness
  성숙, 완숙

12. So, herbivores **have** diverse ways to protect themselves from predators.
    - 그래서, 초식동물은 포식자로부터 스스로를 보호하는 다양한 방법을 가지고 있지요.

- herbivore
  초식동물

13. Violence **breeds** violence.
    - 폭력은 폭력을 낳습니다.

- breed - bred
  낳다, 사육하다

14. They **warn** that Mt. Beakdu, a dormant volcano, **will explode** in a decade.
    - 그들은 휴화산인 백두산이 십 년 안에 폭발할 거라 경고합니다.

- dormant volcano
  휴화산

15. Even the stormy weather **could not blow down** these tiny flowers.
    - 폭풍우 치는 날씨조차 이 자그마한 꽃들을 쓰러뜨리지 못했습니다.

- blow down
  불어서 쓰러뜨리다

| | | |
|---|---|---|
| 1 | (v) 표시하다, 자국, 상처를 남기다 채점하다 | **mark - marked** |

- **mark** (n) 표시, 자국, 상처, 기호, 점수
- **mark**ed (a) 표시된, 두드러진, 현저한

| 2 | (v) 표현, 표시하다, 말하다 | **express - expressed** |
|---|---|---|

- **express** (n) 고속, 급행, 속달
- **express**ion (n) 표현
- **express**ive (a) 표현하는, 의미심장한

| 3 | (v) 풀다, 해결하다 | **solve - solved** |
|---|---|---|

- **solut**ion (n) 해결(책), 해법
- **unsolv**ed (a) 해결되지 않은

| 4 | (n) 풍경, 경치, 경관 | **view, scene, scenery, landscape, sight** |
|---|---|---|

| 5 | (n) 풍선, 기구 | **balloon** |
|---|---|---|

| 6 | (v) 프러포즈하다 / 제안, 건의, 기획, 계획 하다 / 추천, 지명하다 | **propose - proposed** |
|---|---|---|

- **propos**al (n) 제안, 건의, 프러포즈

| 7 | (v) 프로그램을 깔다 | **install a program** |
|---|---|---|

- **install - ed** (v) 설치하다
- **uninstall a program** : ~제거하다

| 8 | (n) 플라스틱 | **plastic** |
|---|---|---|

- **plastic** (a) 플라스틱의, 비닐의
- **plastic surgery/bag** : 성형 수술/비닐 봉지
- **microplastic** : 미세 플라스틱

| 9 | (v) 피어나다, 피다, 개화하다 / 번영하다, 빛나다 | **bloom - bloomed** |
|---|---|---|

- **bloom** (n) 개화(기), 꽃

| 10 | (n) 피부, 살갗, 껍질, 가죽 | **skin** |
|---|---|---|

- **skin cancer/disease** : 피부암/피부병

| 11 | (v) 피하다, 회피하다 | **avoid - avoided** |
|---|---|---|

- **avoid ~ing** : ~하는 것을 피하다, ~하지 않다
- **avoid**ance (n) 회피
- **avoid**able (a) 피할 수 있는

| 12 | (n) 피해, 손해, 손상 | **damage** |
|---|---|---|

- **damage - d** (v) 피해, 손해, 손상을 입히다
- **cause damage** : 피해, 손상을 입히다
- **suffer damage** : 피해, 손상을 입다

| 13 | (n) 필살기 | **lethal skill** |
|---|---|---|

- **lethal** (a) 치명적인, 죽음을 초래하는

| 14 | (v) 필요하다, 필요로 하다 | **need - needed** |
|---|---|---|

- **need to do** : ~할 필요가 있다, ~해야 한다
- **need** (n) 필요(성), 수요 / 빈곤, 궁핍
- **need**y (a) 가난한, 빈곤한

| 15 | (n) 핑계, 변명, 구실 | **excuse** |
|---|---|---|

- **excuse - d** (v) 용서하다, 변명하다 / 면하다
- **excus**able (a) 변명의 여지가 있는, 용납되는

**1** He had a habit of <u>marking</u> his tools with his initial, JH.
- 그는 연장을 그의 이름 이니셜, JH로 표시하는 습관이 있었다.

**2** <u>Don't be</u> afraid of expressing your opinion.
- 의견을 표현하는 걸 겁내지 마라.

• be afraid of ~
~을 두려워하다

**3** In our life, there are many problems that money can't solve.
- 인생에는, 돈으로 해결할 수 없는 문제들이 많지요.

**4** We <u>sat</u> looking at the view of the sea with the breathtaking sunset.
- 우리는 숨이 막히는 일몰의 바다 풍경을 바라보며 앉아있었다.

• breathtaking
숨이 막히는

**5** Why <u>do</u> we <u>feel</u> dizzy after blowing up a balloon?
- 왜 풍선을 불고 나면 현기증이 날까?

**6** <u>Do</u> you <u>remember</u> the day when you <u>proposed</u> to me?
- 당신 나한테 프러포즈한 날 기억나?

**7** After I <u>installed</u> this program, my computer <u>is running</u> slow.
- 이 프로그램을 깔고 나서, 컴퓨터가 느려졌어.

**8** Plastic products <u>can take</u> hundreds of years to break down.
- 플라스틱 제품은 분해되는 데 수백 년이 걸릴 수 있습니다.

• product
생산물

**9** I <u>love</u> this season when I <u>can enjoy</u> the blooming flowers and the bright sun.
- 난 피어나는 꽃과 밝은 태양을 즐길 수 있는 이 계절이 좋아.

**10** <u>Tell</u> me how <u>do</u> you <u>take care of</u> your skin?
- 피부를 어떻게 관리하는지 말해주세요?

**11** He <u>avoided</u> giving a direct answer to the reporters' questions.
- 그는 기자들의 질문에 즉답을 피했다.

**12** Oil spill <u>causes</u> incalculable damage to the environment.
- 기름 유출은 환경에 심각한 손상을 일으킵니다.

• incalculable
계산할 수 없는, 막대한

**13** I <u>didn't need</u> to use the lethal skill in the fight with him.
- 그 녀석과의 싸움에서 필살기를 쓸 필요가 없었다.

**14** The first thing you <u>need</u> to do <u>is</u> to pick a diet that <u>suits</u> you the best.
- 당신이 해야 할 첫 번째는 당신에게 가장 잘 맞는 식단을 선택하는 것입니다.

• suit - ed
맞다, 어울리다

**15** How <u>can</u> there <u>be</u> any excuse for this kind of behavior?
- 이런 행동에 어떻게 핑계가 있을 수 있어요?

• behavior
행동, 행위

| 1 | (v) ~하고 싶다 | would like to do | • would + O + to do : O가 ~했으면 좋겠다 |
|---|---|---|---|
| 2 | (av) 하루 종일, 종일토록 (a) 하루 종일 걸리는, 종일의 | all day, all day long | |
| 3 | (av) 하지만, 그러나, 그럼에도 | however | • however + 형용사/부사 + S + V : 아무리 ~해도<br>However long it takes, **you must finish.** |
| 4 | (v) 하품하다, 떡 벌리고 있다 | yawn - yawned | • yawn (n) 하품, 벌어진 틈 |
| 5 | (n) 학원 | institute, academy, a (private) school | • **preparatory school** : 입시 학원<br>• **cram school** : 입시 학원 |
| 6 | (av) 한 번, 한 번은 | once, one/a time | • **twice, two times** : 두 번<br>• **three/four/five times** : 세/네/다섯 번 |
| 7 | (av) 한 번에, 한꺼번에 | at a time, at once | • **at times** : 가끔, 때때로 |
| 8 | (v) 한 입 먹다, 베어 물다 | have/take a bite | |
| 9 | (a) 한가한, 자유로운 / 무료의 | free ( be free ) | • **free - d** (v) 해방하다, 자유롭게 하다<br>• **freely** (av) 자유롭게, 아낌없이<br>• **freedom** (n) 자유 |
| 10 | (n) 한겨울 (a) 한겨울의 | midwinter | • **midsummer** : 한여름 |
| 11 | (n) 한계, 한도 | limit | • **limit - ed** (v) 한계를 정하다, 한정하다<br>• **limited** (a) 한정된, 한계가 있는 |
| 12 | (n) 한자 | Chinese characters | |
| 13 | (a) 한적한, 고요한, 평온한 | quiet ( be quiet ) | • **quiet** (n) 고요, 정적, 평온<br>• **quietly** (av) 조용히, 은밀히, 살며시<br>• **quieten - ed** (v) 조용해지다, 가라앉히다 |
| 14 | (v) 할 수 있게 하다, 가능하게 하다 | enable - enabled | • **enable + O + to do** : O가 ~할 수 있게 하다<br>• **enable + O + not to do** : O가 ~하지 않게 하다 |
| 15 | (v) ~와 함께 있다/하다 | be with ~ | |

162

**1** She <u>asked</u> if you <u>would like to come</u> and <u>have</u> a dinner together.

- 그녀는 네가 와서 함께 저녁 식사하고 싶은지 물었다.

**2** I <u>can sleep</u> all day long if you <u>let</u> me.

- 하게 해 준다면, 나는 종일 잘 수 있어.

**3** This question <u>may sound</u> so easy. However, just a few <u>could answer</u>.

- 이 질문은 아주 쉬운 것 같을 수도 있어. 하지만, 대답할 수 있는 사람은 많지 않지.

**4** On sitting at the desk, he <u>began</u> to yawn even before opening a book.

- 책상에 앉자마자, 그는 책을 펴기도 전에 하품하기 시작했다.

• on ~ing
~하자마자

**5** Why <u>do</u> we, pouring so much money, <u>send</u> our children to private institutes?

- 왜 우리는 그렇게 많은 돈을 쏟아부으면서 아이들을 사설학원에 보내는 걸까요?

**6** I <u>promised</u> my mother that I <u>would visit</u> home at least once a month.

- 적어도 한 달에 한 번은 집에 오겠다고 어머니께 약속했다.

**7** <u>Empty</u> your mind. You <u>can't complete</u> them all at a time.

- 마음을 비워라. 한 번에 그 모든 것을 끝마칠 수는 없다.

• complete - d
완료하다, 끝마치다

**8** Smiling faintly, she <u>picked up</u> the apple and <u>had</u> a bite.

- 어렴풋이 미소를 지으며, 그녀는 사과를 집어 들고는 한 입 베어 먹었다.

• faintly
희미하게

**9** <u>Call</u> me back when you <u>are</u> free.

- 한가할 때 다시 전화 주세요.

**10** During the cold midwinter, they <u>could</u> even <u>cross</u> the river on foot.

- 추운 한겨울 동안에, 그들은 걸어서 그 강을 건널 수도 있었다.

• cross - ed
건너다

**11** We <u>have to keep</u> the limits in mind that the earth <u>has imposed</u> on us.

- 우리는 지구가 우리에게 부여한 한계를 염두에 두어야 합니다.

• impose - d
부여, 부과하다

**12** Before the 15th century, Koreans <u>wrote</u> with Chinese characters.

- 15세기 이전에, 한국인 들은 한자로 글을 썼다.

**13** He <u>stopped</u> the car at a quiet country road.

- 그는 한적한 시골길에 차를 세웠다.

**14** Knowing our history <u>enables</u> us not to repeat the mistakes in the past.

- 역사를 아는 것은 우리가 과거의 실수를 되풀이하지 않도록 해 줍니다.

**15** However, I <u>can be</u> with my family once in a month.

- 하지만, 저는 한 달에 한 번의 가족과 함께 할 수 있습니다.

| 1 | (av) 함부로, 경솔하게 | **thoughtlessly, carelessly** | |
|---|---|---|---|
| 2 | (v) 항복, 투항, 자수하다, 넘겨주다, 맡기다 | **surrender - surrendered** | • **surrender** (n) 항복, 양도<br>• **surrender oneself to fate** : 운명에 맡기다<br>• **unconditional surrender** : 무조건 항복 |
| 3 | (n) 해 질 녘, 황혼 | **dusk** | • **twilight** : (해 진 뒤나 뜨기 전의) 어스름, 황혼, 여명<br>• **from dawn to dusk** : 새벽부터 해 질 녘까지<br>• **when dusk is falling** : 땅거미질 때 |
| 4 | (v) 해결되다, 풀리다 | **be solved** | • **solve - d** (v) 풀다, 해결하다<br>• **solution** (n) 해결책, 해법, 방안 / 용액 |
| 5 | (n) 해돋이, 일출 | **sunrise** | • **daybreak** : 동틀 녘<br>• **sunset** : 일몰, 노을 |
| 6 | (a) 해로운, 유해한 | **harmful ( be harmful )** | • **harm - ed** (v) 해치다, 피해, 손상, 손해를 입히다<br>• **harm** (n) 해, 피해, 손상, 손해<br>• **harmless** (a) 무해한 |
| 7 | (n) 해변, 해안 | **beach, coast, seaside, seashore** | |
| 8 | (n) 행동, 행위, 품행, 태도, 습성 | **behavior** | • **misbehavior** (n) 비행, 버릇없은, 부정 행위<br>• **behave - d** (v) 행동, 처신하다 |
| 9 | (n) 행성 | **planet** | |
| 10 | (n) 행주 | **dishcloth, dish towel** | |
| 11 | (v) 향상시키다, 개선, 개량하다 | **improve - improved** | • **improvement** (n) 향상, 개선, 개량 |
| 12 | (v) 허락, 허용하다, 내버려 두다 | **allow - allowed** | • **allow + O + to do** : O가 ~하도록 허락하다<br>• **allowance** (n) 허락, 허가 / 용돈, 수당 |
| 13 | (a) 허위의, 거짓의, 그릇된, 틀린, 가짜의 | **false ( be false )** | • **false name/teeth** : 가명/틀니<br>• **false rumor/imformation** : 헛소문/허위 정보<br>• **false advertising/claim** : 허위 광고/허위 주장 |
| 14 | (a) 헐렁한, 느슨한, 풀린 | **loose ( be loose )** | • **tight** (a) 꽉끼는, 빠듯한 |
| 15 | (a) 험상궂은 | **tough-looking, rough-looking** | • **good/nice/well-looking** : 잘(예쁘게) 생긴<br>• **odd/ill-looking** : 괴상하게/고약하게 생긴 |

**1** You <u>are</u> still <u>talking</u> and <u>acting</u> so thoughtlessly.
- 넌 여전히 그렇게 함부로 말하고 행동하는구나.

**2** I <u>will stand</u> against this vicious press and <u>refuse</u> to surrender.
- 이 사악한 언론에 맞설 것이며 항복하기를 거부하겠습니다.

• vicious
사악한

**3** By dusk, after the hard day's work, the tired people <u>headed</u> for their home.
- 해 질 녘이 되면, 힘든 하루 일을 마치고, 지친 사람들은 집으로 향했다.

• head for ~
~로 향하다

**4** From the first, it <u>was not</u> a problem that <u>could be solved</u> so easily as we <u>thought</u>.
- 애당초, 그것은 우리가 생각한 것처럼 그리 쉽게 해결될 문제가 아니었다.

**5** We also <u>used to wake up</u> early to see the first sunrise of the new year.
- 우리도 새해 첫 해돋이를 보려고 일찍 일어나곤 했었지.

**6** Everyone <u>knows</u> about the harmful effects of smoking.
- 모두가 흡연의 해로운 영향에 대해 알고 있어요.

**7** We <u>sat</u> on the old bench, watching the waves breaking on the beach.
- 우리는 해변에 부서지는 파도를 보면서 그 낡은 벤치에 앉아있었다.

**8** The little boy's behaviour towards his family <u>surprised</u> me.
- 가족에 대한 그 어린 아이의 행동이 나를 놀라게 했습니다.

**9** This planet, the earth, in the universe <u>is</u> smaller than a dust in the air.
- 우주 속의 지구라는 이 행성은 공중의 조그마한 티끌보다도 작아요.

• dust
먼지, 티끌

**10** <u>Dry</u> the bowls with a clean dishcloth.
- 깨끗한 행주로 그릇들을 닦아 말려라.

**11** I <u>tried</u> everything that I <u>could</u> to improve the situation.
- 상황을 좋게 해 보려고 내가 할 수 있는 건 다 해봤다.

• situation
상황, 상태

**12** She <u>allowed</u> the young writer to write the story of her life.
- 그녀는 그 젊은 작가가 그녀의 인생 이야기를 글로 쓸 수 있도록 해 주었다.

**13** If your statement <u>is</u> false, you <u>can't avoid punishment</u>.
- 네 말이 거짓이면, 처벌을 피할 수 없을 거다.

• punishment
처벌, 벌

**14** When the strings <u>are</u> too loose or tight, you <u>can't make</u> a melodious sound.
- 줄이 너무 느슨하거나 너무 팽팽하면, 듣기 좋은 소리를 낼 수 없지요.

**15** Who <u>is</u> that tough-looking man?
- 저 험상궂은 사람은 누구야?

| | | |
|---|---|---|
| 1 (v) 헤매다, 돌아다니다 | wander - wandered | • **wander about** : 여기저기 돌아다니다<br>• **wander off** : (길에서) 벗어나다 |
| 2 (v) 헤어나다, 벗어나다 | get out of ~, escape from ~ | • **escape - d** (v) 탈출하다 |
| 3 (n) 현관문 | front door | • **back door** : 뒷문 |
| 4 (n) 현대인 | modern people, the moderns | • **modern** (a) 현대의, 요즘의, 근대의, 현대적인<br>• **modern society/history** : 현대 사회/ 근대사 |
| 5 (n) 해돋이, 일출 | sunrise | • **sunset** : 일몰, 노을<br>• **from sunrise to sunset** : 해 뜰 때부터 해 질때까지 |
| 6 (a) 현명한, 지혜로운, 슬기로운 | wise ( be wise ) | • **wisdom** (n) 지혜, 슬기 |
| 7 (n) 현실(성), 진실(성) | reality | • **real** (a) 실재의, 진짜의<br>• **realize - d** (v) 실현하다 / 깨닫다<br>• **realization** (n) 실현, 달성 / 인식, 깨달음 |
| 8 (v) 현혹되다 | be dazzled | • **dazzle - d** (v) 눈부시게 하다, 현혹하다 |
| 9 (n) 혈압 | blood pressure | • **take/check blood pressure** : 혈압을 재다<br>• **high/low blood pressure** : 고혈압/저혈압 |
| 10 (n) 형상, 형태, 모양 / 몸매, 상태 | shape | • **shape - d** (v) 형성하다, 구체화하다<br>• **in good/bad shape** : 좋은/나쁜 상태의<br>• **stay in shape** : 몸매, 몸상태를 유지하다 |
| 11 (n) 호기심 / 신기함, 진기한 것 | curiosity | • **curious** (a) 호기심 많은, 궁금해 하는/ 진기한, 신기한<br>• **be curious about ~** : ~을 궁금해 하다<br>• **be curious to do** : ~하고 싶다 |
| 12 (n) 호수, 연못, 저수지 | lake | • **pond** : lake 보다 작은 연못 |
| 13 (v) 혼내다, 벌 주다, 처벌하다 | punish - punished | • **punishment** (n) 벌, 처벌, 응징, 징계 |
| 14 (n) 화, 분노, 노여움 | anger | • **in anger** : 화가 나서<br>• **agnry** (a) 화난, 분노한, 격렬한<br>• **agnrily** (av) 화나서, 분노해서, 격렬하게 |
| 15 (n) 화분(식물), 화초 | plant, potted plant | • **pot, flowerpot, plant pot** : 화분 |

1. We <u>have wandered</u> in the dark mountain for hours.
   - 우리는 몇 시간을 그 어두운 산속에서 헤맸다.

2. I <u>am</u> still <u>struggling</u> hard to get out of this endless dark tunnel.
   - 난 여전히 이 끝이 보이지 않는 어두운 터널에서 벗어나려 악착같이 싸우고 있어.

   • struggle - d
   **몸부림 치다, 분투하다**

3. She <u>felt</u> someone standing in front of the front door.
   - 그녀는 누군가 현관 앞에 서있는 것을 느꼈다.

4. It <u>is</u> true that the lifestyle of modern people <u>is swayed</u> by advertising.
   - 현대인의 생활양식이 광고에 좌우된다는 것은 사실입니다.

   • sway - ed
   **흔들다, 영향을 주다**

5. He <u>expected</u> that by sunrise tomorrow, they <u>will get</u> to the village.
   - 그는 내일 일출쯤에는 그들이 그 마을에 닿을 것으로 기대했다.

6. I <u>think</u> it <u>is</u> wise to break all links with that guy before it <u>is</u> too late.
   - 내 생각엔 너무 늦기 전에 그런 녀석과의 모든 관계를 끊는 게 현명한 것 같아.

7. If you <u>can't escape</u> from the reality, you must face it.
   - 현실에서 도망갈 수 없다면, 현실을 직시해야 합니다.

   • escape from ~
   **~에서 탈출하다**

8. In this world, it'<u>s</u> never easy not to be dazzled by riches.
   - 이 세상에서는, 재물에 현혹되지 않기란 절대 쉽지 않습니다.

   • riches
   **부, 재물**

9. High blood pressure <u>is</u> the most frequent cause of stroke.
   - 고혈압은 가장 빈번한 뇌출혈의 원인이지요.

   • stroke
   **뇌출혈**

10. The sky <u>has</u> no fixed shapes, but it <u>includes</u> everything.
    - 허공은 고정된 실체가 없지만, 모든 것을 포함하고 있습니다.

11. To satisfy my curiosity, I <u>visited</u> his friend and <u>asked</u> several things about him.
    - 궁금함을 해소하려고, 나는 그의 친구를 찾아가서 그에 대해 몇 가지를 물어보았다.

    • satisfy - ied
    **만족시키다**

12. You <u>can't get</u> the moon that <u>is reflected</u> in the lake.
    - 연못에 비친 달을 취할 수는 없습니다.

    • reflect - ed
    **반사, 반영하다**

13. She <u>tried</u> punishing her son for it, but that only <u>made</u> it worse.
    - 그녀는 그 일로 아들을 혼내보았지만, 상황을 더 나쁘게만 했지요.

    • try ~ing
    **한 번 해보다**

14. His inability to manage his anger <u>is</u> one of his biggest problems.
    - 스스로의 화를 어찌하지 못하는 것이 그의 가장 큰 문제 중 하나다.

    • manage - d
    **해내다, 처리하다**

15. So, they <u>ordered</u> a large potted plant and <u>put</u> it beside the door.
    - 그래서, 그들은 큰 화분하나를 주문해서 문 옆에 두었다.

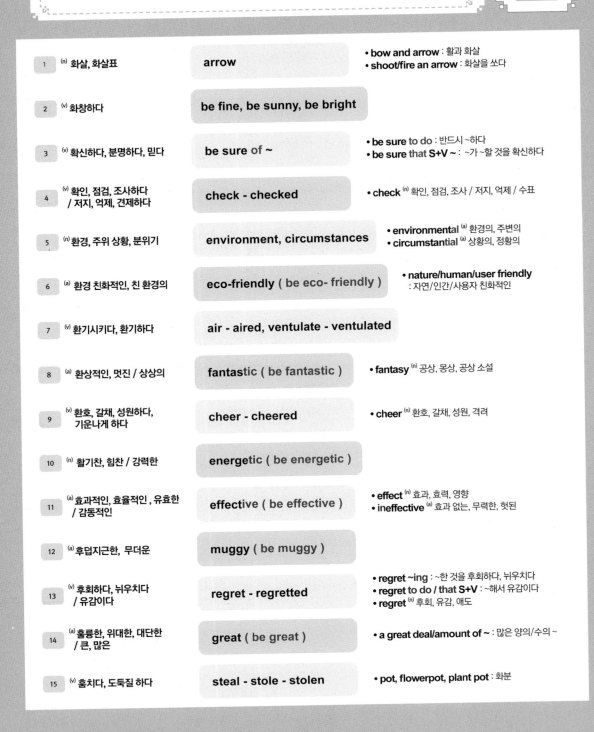

| | | | |
|---|---|---|---|
| 1 | (n) 화살, 화살표 | **arrow** | • **bow and arrow** : 활과 화살<br>• **shoot/fire an arrow** : 화살을 쏘다 |
| 2 | (v) 화창하다 | **be fine, be sunny, be bright** | |
| 3 | (v) 확신하다, 분명하다, 믿다 | **be sure of ~** | • **be sure to do** : 반드시 ~하다<br>• **be sure that S+V ~** : ~가 ~할 것을 확신하다 |
| 4 | (v) 확인, 점검, 조사하다<br>/ 저지, 억제, 견제하다 | **check - checked** | • **check** (n) 확인, 점검, 조사 / 저지, 억제 / 수표 |
| 5 | (n) 환경, 주위 상황, 분위기 | **environment, circumstances** | • **environmental** (a) 환경의, 주변의<br>• **circumstantial** (a) 상황의, 정황의 |
| 6 | (a) 환경 친화적인, 친 환경의 | **eco-friendly ( be eco- friendly )** | • **nature/human/user friendly**<br>: 자연/인간/사용자 친화적인 |
| 7 | (v) 환기시키다, 환기하다 | **air - aired, ventulate - ventulated** | |
| 8 | (a) 환상적인, 멋진 / 상상의 | **fantastic ( be fantastic )** | • **fantasy** (n) 공상, 몽상, 공상 소설 |
| 9 | (v) 환호, 갈채, 성원하다,<br>기운나게 하다 | **cheer - cheered** | • **cheer** (n) 환호, 갈채, 성원, 격려 |
| 10 | (n) 활기찬, 힘찬 / 강력한 | **energetic ( be energetic )** | |
| 11 | (a) 효과적인, 효율적인 , 유효한<br>/ 감동적인 | **effective ( be effective )** | • **effect** (n) 효과, 효력, 영향<br>• **ineffective** (a) 효과 없는, 무력한, 헛된 |
| 12 | (a) 후덥지근한, 무더운 | **muggy ( be muggy )** | |
| 13 | (v) 후회하다, 뉘우치다<br>/ 유감이다 | **regret - regretted** | • **regret ~ing** : ~한 것을 후회하다, 뉘우치다<br>• **regret to do / that S+V** : ~해서 유감이다<br>• **regret** (n) 후회, 유감, 애도 |
| 14 | (a) 훌륭한, 위대한, 대단한<br>/ 큰, 많은 | **great ( be great )** | • **a great deal/amount of ~** : 많은 양의/수의 ~ |
| 15 | (v) 훔치다, 도둑질 하다 | **steal - stole - stolen** | • **pot, flowerpot, plant pot** : 화분 |

1. **Follow** the yellow arrows to the X-ray department.
   - 노란 화살표를 따라서 엑스레이 부서로 가세요.

2. The warm, sunny weather **makes** everyone want to go outside.
   - 온화하고 화창한 날씨는 모두를 밖으로 나가고 싶게 하지요.

3. How **are** you **sure** that you will be alive tomorrow?
   - 내일 당신이 살아있을 거라고 어떻게 확신합니까?

4. The first thing to do **is** to check whether the source **is** reliable.
   - 가장 먼저 할 일이 출처가 믿을 만 한가 하는 것이다.
   - reliable 믿을 수 있는

5. We **must live** in harmony with nature and **conserve** the environment.
   - 우리는 자연과의 조화 속에서 살아야 하고 환경을 보호해야만 합니다.
   - conserve - d 보존, 보호하다

6. This building **was built** with eco-friendly materials and **runs** on renewable energy.
   - 이 건물은 친환경 소재로 만들어 졌고 재생가능한 에너지로 운영됩니다.
   - material 재료

7. You **have to air** the room regularly at least once a day even in winter.
   - 겨울철에도 적어도 하루에 한 번은 규칙적으로 방을 환기시키셔야 해요.
   - regularly 규칙적으로

8. There **is** no one who **can write** this fantastic story on the earth.
   - 지구에는 이런 멋진 글을 쓸 수 있는 사람이 없어.

9. All of us **stood up** and **cheered** as the players **entered** the stadium.
   - 선수들이 경기장으로 입장할 때 우리 모두는 일어서서 환호했습니다.
   - enter - ed 입장하다, 들어가다

10. I **feel** the most energetic and creative late at night.
    - 저는 늦은 밤에 가장 활기차고 창의적인 것 같아요.

11. What **is** the most effective way to get rid of bullying and violence in schools?
    - 학교에서 집단 괴롭힘과 폭력을 뿌리 뽑는 가장 효과적인 방법은 무엇일까요?
    - get rid of 제거하다, 없애다

12. That muggy summer **is going to be** over soon.
    - 이 무더운 여름도 곧 끝날 거야.

13. **Do** you **feel** that you **lived** a life that **has** nothing to regret?
    - 후회할 것이 없는 삶을 살았다고 느끼시나요?

14. Each mother **is** the greatest woman in the world.
    - 한 분 한 분의 어머니는 세상의 가장 위대한 여성입니다.

15. They used the websites to steal people's personal information.
    - 그들은 그 웹사이트를 사람들의 개인정보를 훔치는 데 사용했습니다.

| 1 | (v) 휴가 중이다 | on vacation, on holiday | • **go on vacation** : 휴가 가다, 방학 하다<br>• **take/have a vacation** : 휴가를 얻다 |
|---|---|---|---|
| 2 | (v) 휴식을 취하다 | have / take / get a rest | • **rest - ed** (v) 휴식하다, 쉬다 (n) 휴식 |
| 3 | (v) 흐느끼다, 훌쩍거리다, 울다 | sob - sobbed, weep - wept | • **sob** (n) 흐느낌 |
| 4 | (v) 흐르다, 흘러가다 | flow - flew - flown | • **flow** (n) 흐름 |
| 5 | (v) 흘러내리다 | roll / run / stream down | |
| 6 | (n) 흙, 토양 | earth, soil | • **mud, clay** : 진흙 / 찰흙<br>• **land, ground, earth, soil** : 땅 |
| 7 | (n) 흥미, 관심 / 이자, 이윤 / 이익 | interest | • **interest - ed** (v) 흥미, 관심을 갖게하다<br>• **be interested in ~** (v) ~에 관심, 흥미가 있다<br>• **interesting** (a) 흥미로운, 재미있는 |
| 8 | (a) 흥분된, 들뜬 | excited ( be excited ) | • **excite - d** (v) 흥분시키다, 들뜨게하다<br>• **exciting** (a) 흥미진진한, 재미있는, 신나는, 놀라운<br>• **excitement** (n) 흥분, 즐거움 |
| 9 | (v) ~하길 희망하다, 하고 싶다 | hope - hoped to do | • **hope** (n) 희망, 소망, 기대<br>• **hopeful/hopeless** (a) 희망적인/희망, 가망없는 |
| 10 | (av) 희미하게, 어슴푸레하게 | dimly | • **dim** (a) 희미한, 어두운<br>• **dim - med** (v) 어둡게 하다, 흐릿하게 하다 |
| 11 | (v) 희생하다, 바치다 | sacrifice - sacrificed | • **sacrifice** (n) 희생, 재물<br>• **self sacrifice** : 자기 희생 |
| 12 | (a) 희한한, 기묘한, 이상한 / 홀수의, 한 쪽의 | odd | |
| 13 | (v) 히히덕, 낄낄 거리다 | giggle - giggled | • **giggle** (n) 낄낄 웃음 |
| 14 | (av) 힘껏, 세게 | hard | • **hard** (a) 굳은, 단단한, 어려운, 열심인, 세찬, 맹렬한<br>• **hardly** (av) 거의 ~ 않다 |
| 15 | (a) 힘들다, 어렵다, 고되다 | be tough, hard | |

**1**    <u>Are</u> you on vacation or on business?

- 휴가 중인 거야 아니면 출장 중인 거야?

• on business
출장 중인

**2**    <u>Forget</u> about your work and <u>have</u> a good rest this weekend.
- 일은 잊어버리고 이번 주말에는 잘 쉬세요.

**3**    Most of the participants <u>sobbed</u> and <u>kept</u> wiping away tears.
- 참가자 대부분은 흐느껴 울었고 계속 눈물을 닦아냈다.

**4**    The ice <u>was</u> soon <u>broken</u> and the conversation <u>flew</u> freely.
- 어색함은 곧 사라졌고 대화가 자유롭게 흘렀다.

• ice
(비유) 어색한 분위기

**5**    Tears <u>were</u> <u>rolling</u> down her cheeks.
- 눈물이 그녀의 볼에 흘러내리고 있었다.

**6**    She <u>put</u> the soft earth into the pot and <u>planted</u> the seeds.
- 그녀는 부드러운 흙은 화분에 넣고 그 씨앗을 심었다.

• pot
화분

**7**    Anyway, you <u>succeeded</u> in attract her interest.
- 어쨌건, 그녀의 관심을 끄는 데 성공했네.

• attract - ed
끌다

**8**    When my sister <u>gets</u> excited, she <u>starts</u> talking really fast.
- 여동생은 들떴을 때, 아주 빠르게 말하기 시작하지.

**9**    I <u>don't hope</u> to be a performer. I only <u>hope</u> to play three or four songs I love.
- 연주자가 되고 싶지는 않아, 그저 내가 좋아하는 서너 곡을 연주하고 싶을 뿐이야.

• performer
연주자, 연기자

**10**    He <u>was</u> dimly aware of the sound of running water in the distance.
- 그는 멀리서 들려오는 흐르는 물소리를 어슴푸레하게 알아차렸다.

• be aware of ~
알다, 인식하다, 알아차리다

**11**    <u>Are</u> you <u>willing</u> and <u>able to sacrifice</u> yourself to save a life?
- 한 생명을 구하기 위해 기꺼이 <u>스스로</u>를 희생할 수 있겠니?

**12**    I <u>thought</u> it <u>was</u> a little odd that he <u>was keeping</u> silent.
- 그가 침묵을 지키고 있는 것이 조금은 희한하다고 생각했다.

• keep silent
조용히 있다, 침묵하다

**13**    Sometimes, the teacher <u>called</u> me Batman, which <u>made</u> others giggle.
- 가끔, 선생님은 나를 배트맨이라고 불렀고, 그게 다른 친구들을 희희덕 거리게 만들었다.

**14**    I <u>pushed</u> the rock hard several times, it <u>would not move</u> a bit.
- 그 돌을 몇 번 세게 밀었지만, 조금도 움직이질 않았다.

**15**    Coming here <u>was</u> tough, but it <u>was</u> worth it, wasn't it?
- 여기까지 오는 것이 힘들었지만, 가치가 있었지요?

• worth
(할 만한) 가치가 있는

# MEMO

# 영어작문
## 누구나 배울 수 있는
# 프로젝트
### — 단어장 —